INTRODUCTION

A L'HISTOIRE

DES

ÉTABLISSEMENTS DE CHARITÉ

A POITIERS

PAR

M. C. DE LA MÉNARDIÈRE,

Avocat, professeur à la Faculté de droit, membre de la Société des antiquaires de l'Ouest.

POITIERS
TYPOGRAPHIE DE A. DUPRÉ
RUE DE LA PRÉFECTURE.

1874.

INTRODUCTION

A L'HISTOIRE

DES

ÉTABLISSEMENTS DE CHARITÉ

A POITIERS

PAR

M. C. DE LA MÉNARDIÈRE,

Avocat, professeur à la Faculté de droit, membre de la Société des antiquaires de l'Ouest.

POITIERS
TYPOGRAPHIE DE A. DUPRÉ
RUE DE LA PRÉFECTURE.

1874.

INTRODUCTION

A L'HISTOIRE DES ÉTABLISSEMENTS DE CHARITÉ A POITIERS.

DISCOURS

PRONONCÉ A LA SÉANCE PUBLIQUE ANNUELLE DE LA SOCIÉTÉ DES ANTIQUAIRES DE L'OUEST, LE 10 JANVIER 1874,

Par **M. DE LA MÉNARDIÈRE**, Président.

MESSIEURS,

On a souvent parlé de la vocation de notre temps pour les études historiques.

Quand déjà les premières années de ce siècle avaient pris fin avec leurs aventureuses épopées militaires, on crut à l'avénement d'une France nouvelle, empruntant au concours d'un plus grand nombre de ses enfants un élément inconnu de progrès et de grandeur. L'origine et le développement de cette influence, enfin dominante, semblèrent nécessaires à connaître.

On étudia non-seulement la marche de la civilisation européenne, mais tous les restes de l'activité humaine et les plus humbles souvenirs.

Comme, dans les archives d'une famille, aucun détail n'est indifférent, cet inventaire du passé de notre pays s'est appliqué à tout retrouver : la constitution des villes et des corporations ouvrières, l'architecture religieuse ou civile, la hiérarchie féodale, comme la géographie des possessions ecclésiastiques et la condition des classes agricoles.

L'histoire a dès lors revêtu un caractère plus pénétrant, plus humain, ou, comme on dirait aujourd'hui, plus populaire. Elle ne fut plus seulement occupée de la fortune des guerres ou des alliances royales, elle devint en même temps l'histoire des arts, des institutions et des mœurs.

Un tel ouvrage demandait de nombreux ouvriers, et les sociétés locales ont beaucoup fait pour cette histoire renouvelée.

En effet, sur place, auprès de chaque monument, dans les lieux où sont les archives qui renferment les actes anciens et les muets témoins des vieilles mœurs, la connaissance intime du passé prend un charme plus grand.

Elle ne conserve pas moins son utilité générale.

Avec quelques nuances de détail et sous une variété apparente, l'ancienne France porte une vive empreinte d'unité. L'institution que nous étudions avec son caractère local, ses traits spéciaux, ses épisodes, se retrouve partout ailleurs avec ses lois d'ensemble. Nous aurons été attentifs au langage qu'une inscription arrachée au vieux sol, qu'un édifice rencontré chaque jour dans la cité, parlent pour ainsi dire à notre oreille. Ce ne sera pas seulement leur histoire ou quelque épisode intime qu'ils nous auront racontés : cette inscription se rattachera le plus souvent à des institutions communes et à des événements qui regardent le pays tout entier ; cet édifice nous parlera tout en même temps de ceux qui avec lui, sur la surface de la France, répondirent aux mêmes besoins : c'est un des éléments d'une histoire générale que leur mystérieux et discret langage aura éclairé pour nous d'une rapide et vivifiante lumière.

J'ai ressenti cet attrait propre de l'histoire locale et reconnu le rayonnement de sa lumière sur l'histoire générale des mœurs et des institutions du pays entier, en songeant au passé de l'édifice même qui nous réunit (1).

(1) Le bâtiment des facultés de droit, des sciences et des lettres à Poitiers.

Il n'a pas été toujours rempli de débris de monuments antiques et de livres précieux ; il a été souvent encombré par les maladies et les pestes ; il a été longtemps le témoin des douleurs des malades et des angoisses des mourants. Dans ces salles où une heureuse jeunesse recueille aujourd'hui la parole de maîtres dont quelques-uns ont ici même rencontré la gloire, se sont succédé pendant des siècles, dans un dévouement ignoré et un labeur sublime, plusieurs générations de serviteurs des pauvres et des malheureux.

C'était, avant la Révolution, l'Hôtel-Dieu de Poitiers, et, dès avant le XIIIe siècle, la vieille et célèbre aumônerie de Notre-Dame. Les nombreux établissements charitables qui, au moyen âge, s'étaient élevés sur le territoire de notre ville ont disparu depuis longtemps, obéissant à une loi de concentration qui se manifeste dès la fin du XVe siècle ; puis, au XVIIe et au XVIIIe siècle, pour subvenir à des besoins nouveaux, d'autres établissements se fondent par l'initiative royale ou la charité individuelle. Le vieil Hôtel-Dieu se trouve ainsi résumer dans son histoire toute celle de la charité publique chez nos pères. Or la charité c'est, depuis le christianisme, un besoin ressenti dans chaque ville et à toutes les époques. Elle s'est développée et perpétuée sous l'influence d'idées et de sentiments dominants qui font de cette étude un fragment de l'histoire générale des mœurs dans les nations chrétiennes (1).

La charité, ce fut comme le mot d'ordre du premier jour.

Rome était divisée en sept quartiers dès la fin du Ier siècle,

(1) L'idée de cette lecture a été inspirée par l'article de M. Léon Gauthier, *Histoire de la charité au* XIIIe *siècle*, dans la *Revue de l'art chrétien*, 14e année, p. 591. Le sens des premières recherches a été fourni par le travail de M. le vicomte Maxime de Beaucorps : *L'Assistance publique : son origine, ses phases successives*; Orléans, 1873. Si les pages suivantes ont quelque intérêt, elles le devront à ces doctes et généreux écrivains.

et dans chacun d'eux des diacres étaient désignés pour recueillir les actes des martyrs et assister leurs frères. « Que les diacres, écrivait saint Clément, soient comme les yeux de l'évêque ; qu'ils s'informent avec sollicitude de tous ceux qui souffrent dans leur chair ; qu'ils les signalent au peuple si le peuple ignore leurs infirmités ; qu'ils les visitent et leur fournissent ce qui leur est nécessaire (1). »

Si l'on voulait mesurer les progrès qui s'étaient accomplis, que l'on compare non pas à la société que Tacite ou Suétone ont décrite, mais aux pages les plus élevées des moralistes du paganisme, au livre *Des Devoirs* de Cicéron, par exemple, le programme d'avenir des sociétés chrétiennes dans les Constitutions rédigées, vers le milieu du IIIe siècle, sous le nom des Apôtres.

Pour ne parler que de la charité, le voici dans sa perfection :

« Recherchez sans cesse, recherchez avec sollicitude les moyens de procurer aux pauvres ce dont ils ont besoin : à l'orphelin, ce que des parents lui auraient donné ; à la veuve, prêtez le secours que lui eût prêté son mari ; à ceux qui ont atteint l'âge du mariage, donnez des époux ; aux ouvriers, de l'ouvrage ; aux infirmes, une pitié généreuse ; aux étrangers, un asile ; à ceux qui ont faim, de la nourriture ; donnez à boire à ceux qui ont soif ; à ceux qui sont nus, des vêtements ; des secours aux prisonniers ; visitez les malades... (2). »

L'Église n'est point arrivée à l'heure du triomphe. Aucun établissement n'est ostensiblement fondé, aucun asile n'est

(1) Lib. *pont. S. Clementis vita*, ap. Lab. — Epist. S. Clem., ap. Lab., I, 86. — *Constit. apost.*, III, 19. — Tollemer, *Origine de la charité catholique*, in-8°, 1863, p. 476. De Beaucorps, p. 16.
(2) *Constitut. apost.*, IV, 2.

encore publiquement ouvert. Tout repose s... zèle des diacres et des diaconesses. Ces visites des malades et des pauvres recommandées par les Constitutions apostoliques, c'est tout le système de la charité. Une ère nouvelle se lèvera avec Constantin. Pendant trois siècles, de vastes maisons, semblables à des villes, seront construites pour toutes les misères (1). Les jurisconsultes peuvent lire dans les Constitutions de Théodose et de Justinien (2) les priviléges qui leur sont accordés. J'ose à peine redire les noms à forme grecque, pour nous barbare, dont on les appelle : *orphanotrophia*, pour les orphelins ; *brephotrophia*, pour les enfants abandonnés ; *xenodochia*, pour les étrangers ; *gerontocomia*, pour les vieillards ; *nosocomia*, pour les malades ; *ptochotrophia*, *diaconia*, pour les pauvres et les mendiants. Ces textes du Code et des Novelles ne nous montrent-ils pas que les mains de l'Église si longtemps captives, libres enfin, se sont mises au service de tous les déshérités ?

Les historiens nous ont conservé les noms illustres qui se consacrèrent à les servir : sainte Fabiola, fondatrice, dit saint Jérôme (3), du premier de tous les hospices de malades, et Flacilla, l'épouse même de Théodose le Grand (4).

On ne saurait douter que ce mouvement ne se soit produit dans nos contrées, arrivées au IVe siècle à une si grande prospérité. Nous n'avons pas de date précise, comme on en pourrait fournir pour Lyon, qui doit à Childebert un

(1) Saint Grégoire de Nazianze appelle *une ville* l'hôpital fondé pour les lépreux, par saint Basile, près Césarée, en Cappadoce, dans le Panégyrique, t. I, orat. 43, § 63.—Le seul hôpital d'Antioche pouvait nourrir 3,000 vierges ou veuves (S. Jean Chrysostome, *in Matthæum*).

(2) L. de Constantin, C. Th., l. XI, t. XVII (Godefroid, 1662, IV, p. 189).— C. Just., l. I, tit. II; l. XIX, 22; nov. IX, tit. XXXVI, 153.—C., l. XLVI, *de episcopis et clericis*.

(3) Epit. 77e de saint Jérôme.

(4) Morte en 386 (voir Théodoret, *Hist. ecclésiastique*, liv. V, ch. XVIII).

hôpital fondé vers 542 (1), et pour Autun où une fondation du même genre est due à la reine Brunehaut vers la fin du VIe siècle. Mais il suffit de lire les canons des conciles « ... *ut episcopus non longe ab ecclesia hospitiolum habeat* (2), » pour être assuré qu'ils ont été suivis à Poitiers comme dans le reste du monde déjà chrétien.

Dès l'année 696, un évêque de Poitiers, le même qui fonda l'abbaye de Saint-Michel-en-l'Herm et développa le monastère de Noaillé, Ansoaldus, avait fondé dans l'intérieur de la ville un hôpital des pauvres, des malades, des infirmes, et un oratoire sous l'invocation de saint Luc. Il avait voulu qu'il y eût toujours douze malades, et il avait affecté à son entretien des biens situés à Brion, à Angoulins et à Pranzay-lez-Lusignan (3). Aujourd'hui encore, en descendant à Saint-Pierre, sur la gauche, au coin des rues de Saint-Savin et de Saint-Paul, on peut voir deux figures grossièrement sculptées du XVe siècle et qui faisaient autrefois partie d'une église élevée sur l'emplacement de l'oratoire des temps mérovingiens.

Pendant les siècles suivants les sources historiques sont muettes. La règle de Saint-Benoît et, bientôt, les capitulaires et les recueils de formules seront seuls à parler encore de la charité (4).

(1) « Xenodochium quod pissimus rex Childebertus et jugalis sua Ultrogotha regina condiderunt... ut cura ægrotantium ac numerus vel acceptio peregrinorum secundum institutionem permaneant » (Concile d'Orléans, ann. 549, can. XV; Labbe, V, 394); « ut unaquæque civitas pauperes et egenos incolas alimentis congruentibus pascat secundum vires, ut tam vicani presbyteri quam cives omnes suum pauperem pascant quo fiet, ut ipsi pauperes per civitates alias non vagentur » (2e concile de Tours, 567, can. V).

(2) 4e concile de Carthage, can. XIII.

(3) Voy. appendice I. — Voy. *Diplomata*....., édit. Pardessus. Paris, 2 vol. in-f°, t. II, p. 239.

(4) Statuta antiqua abbatiæ Corbeiensis, cap. IV, *in Spicilegio*, I, p. 587, 600, 698. — Capitul. ann. 802, ch. XXVII dans Ducange, au mot *hospitalitas*. — Capitul. alterum ad Niccmagam, a. 806, ch. VIII, Pertz, p. 145. — Capitul.

Vers le milieu du XIe siècle on vit cesser l'état déplorable dans lequel elle était tombée pendant les deux siècles précédents. Il y eut un grand nombre de fondations nouvelles sous des noms divers : *hospitale, elemosinaria*, *xenodochium*, *matricula, domus pauperum*, *domus Dei* : hôpital, aumônerie, hospice, maison des pauvres, et surtout sous la dénomination touchante de Maison-Dieu. Il n'est pas facile de remonter toujours à l'origine de chacune d'elles. Ce ne sont bien souvent que des reconstructions d'édifices plus anciens, des établissements délaissés qui reprennent une vie nouvelle. C'est ainsi qu'un des seigneurs du pays reconstruit en 1086 la Maison-Dieu de Montmorillon qui tombait en ruines (1). Mais pendant deux ou trois siècles encore, c'est une émulation de charité vraiment admirable. Les évêques d'abord et les chapitres des cathédrales et des collégiales, des milliers de couvents soumis à la règle de Saint-Bernard établissent ou développent auprès d'eux la *cella hospitum* et choisissent avec sollicitude l'infirmier des pauvres. En même temps, il n'est point de si rude baron féodal qui, en expiation du sang versé dans quelque guerre privée, ou de quelque mariage irrégulier, n'incline sa tête sous les châtiments ecclésiastiques, ne sente son cœur s'émouvoir et ne fonde une maison de charité. Mais ils ne sont pas les seuls. Les communes, les bourgeois, les artisans concourent à l'envi pour l'accomplissement de ce grand devoir. En 1203, un bourgeois de la Rochelle fonde l'*aumônerie* de cette ville. L'hôpital Saint-

Aquisgranense, a. 809, c. XXIV, *ibidem*, 156. — Capitul. alterum Aquisgran., a. 813, c. XI, *ibid.*, p. 180. — *Formulæ Andegavenses*, XLVIII, Giraud, *Histoire du droit français au moyen âge*, p. 454. — Notes de Bignon sur les Form. de Sirmond, c. XI. — Grégoire de Tours, liv. VII, c. XXVII à XXIX ; liv. IX, c. XII. — Fondations par Théodulfe, év. d'Orléans, mort en 821 ; par Alric, év. du Mans, vers l'an 838 ; Baluze, *Miscellanea*, I, 103, et Cibrario, *Économie politique du moyen âge*, I, p. 262.

(1) *Chartes et Diplômes*, F. Moreau, 34, 223.

Gervais, à Paris, n'était à l'origine qu'une maison d'ouvriers, consacrée par un maçon et son fils « *ad hospitandos pauperes Christi* », au soulagement des pauvres du Christ.

Et ce sont bien des donateurs qui se dépouillent de leur vivant ; un très-petit nombre font des testaments. « *Donavit se et sua* », il s'est donné lui et son patrimoine ; « *In fraternitate se donavit* », il s'est donné comme un frère ; « *Frater donatus* », « *volens se et suos esse participes bonorum quæ in domo Dei nocte et die fiunt* », frère qui se donne lui-même, voulant que lui et les siens aient leur part du bien qui s'accomplit et le jour et la nuit dans la Maison-Dieu... (1). Telles sont les formules de ces actes, qui nous sont restés par centaines et qui marquent l'âge héroïque de la charité.

C'est l'époque de la division à l'infini ; la charité va au-devant du malade, du pauvre, de tous ceux qu'un danger quelconque peut menacer.

Aux portes des villes fermées le soir au voyageur ; sur le bord des rivières pour le passage gratuit des pauvres ; dans des landes désertes, au plus loin des lieux habités ; dans la montagne, là où l'on ne trouve plus que la solitude et le danger des longs hivers : au mont Saint-Bernard ; à Aubrac dans le Rouergue ; à Urdos et à Gabas au pied des pentes abruptes des Pyrénées, on retrouve encore debout les restes des maisons-Dieu construites du xe au XIIIe siècle (2).

Le plus humble bourg avait aussi son petit hôpital indépendant ; et plus d'un lecteur poitevin de nos jours, parcourant des titres du temps de saint Louis, s'étonnera peut-être de voir une aumônerie à Menigoute et Alphonse de Poi-

(1) Clause de la donation de Philippe III à la Maison-Dieu d'Évreux, en 1277.

(2) Comp. Cibrario, *Économie politique du moyen âge*; trad. Paris, 1859, t. I, p. 260.

tiers faire des dons importants aux hospitaliers de Lavausseau.

La Maison-Dieu a une destination générale. Elle reçoit tous les malades à l'exception de ceux qui sont atteints de la lèpre, auxquels d'autres asiles sont réservés.

Vers la fin du XIIIe siècle, on élève des hospices avec une destination spéciale, comme les Quinze-Vingts ; des asiles offrant aux seuls voyageurs un abri momentané, le secours le plus nécessaire, le pain seulement, et quelques sous pour continuer leur route ; d'autres asiles encore, destinés aux seuls pèlerins qui s'acheminaient vers Saint-Jacques-de-Compostelle.

Il est temps de nous demander comment cet épanouissement de la charité s'est manifesté dans notre vieille cité.

Là aussi nous constaterons l'existence très-ancienne d'aumôneries près des cathédrales et des chapitres. Un état des aumônes d'Alphonse de Poitiers pour l'année 1269 nous parle de 100 sous poitevins donnés à chacune des maisons-Dieu de Saint-Pierre, de Sainte-Radégonde, de Saint-Hilaire et de Notre-Dame-la-Grande (1).

Chez nous aussi nous retrouverons des aumôneries pour les voyageurs en dehors des murs de l'enceinte : l'aumônerie de la Madeleine, au-delà de la porte de la Tranchée, en la paroisse Sainte-Triaise, remontant à une époque antérieure à 1272, et qui a laissé son nom au terrain du *champ de la Madeleine* (2) ; à l'autre extrémité de la ville, au-delà des poternes qui défendaient le pont Saint-Angilbert, au bas des pentes de Montbernage, et remontant à une époque

(1) Voy. Boutaric, *Alphonse de Poitiers*, p. 461, et la charte publiée par notre savant ami Bélisaire Ledain, *Histoire d'Alphonse, frère de saint Louis*, p. 199. Poitiers, Oudin, 1869.

(2) Voy. Rédet, *Mémoires de la Société des antiquaires de l'Ouest*, 1839-1840.

antérieure au XIIe siècle, l'aumônerie de Sainte-Néomaye ;

Puis, dans la ville, l'aumônerie de l'Echevinage, fondée par la commune sur le terrain même où se trouve encore la mairie, entre la rue actuelle de ce nom et la vieille chapelle de l'Echevinage (1) ;

D'autres aumôneries encore, fondées par la charité des grands ou de simples particuliers :

L'aumônerie de Saint-Nicolas, près de l'église dont les ruines ont perpétué le nom jusqu'à nous, fondée vers 1050 par Agnès de Bourgogne, veuve de Guillaume le Grand, duc d'Aquitaine (2) ;

L'aumônerie de Saint-Jacques-de-la-Vergne, entre Sainte-Croix et le Pont-Neuf. Une charte de 1153 (3) nous montre le pieux fondateur, Pierre de la Vergne, encore écolier de la cathédrale, et sa fondation se reporte à la seconde moitié du XIIe siècle. C'est à elle, sans doute, qu'Alphonse accorde 60 sous en l'appelant en 1269, la Maison-Dieu fondée par Pierre de la Charité.

Plus tard, le 25 juin 1363, Aymeric, doyen du chapitre de Saint-Hilaire, accorde à Pierre d'Aillé, écholastre, prêtre et chanoine de cette église, la permission de bâtir une aumônerie ; et, le 7 janvier 1364, s'ouvrait, à la jonction des rues actuelles de la Tranchée et du Doyenné, une aumônerie consacrée principalement aux pèlerins de Saint-Jacques, sous le patronage de sainte Madeleine et de saint Antoine.

Plus tard encore, vers le milieu du XVe siècle, Guillemette

(1) Archives municipales.

(2) Cartulaire du prieuré de Saint-Nicolas, *Archives historiques du Poitou*, t. I, p. 1. — Comp. Chron. de Maillezais (connue aujourd'hui sous le nom, seul exact, de Chron. de Saint-Maixent; Soc. de l'Histoire de France), citée par Dufour, p. 384.

(3) Communiquée par Dom Chamard. — Cpr. *Mémoires de la Société des antiquaires de l'Ouest*, 1851, p. 470.

Giraud, veuve de Thévenin Bosset, échevin de Poitiers, fondait la chapelle et l'aumônerie de Sainte-Marthe, dernière fondation de la période du moyen âge, qui méritait par cela même une mention particulière, non moins que par les destinées qui lui étaient réservées.

J'ai omis à dessein quelques-uns de ces établissements du moyen âge. Leur énumération serait trop longue; mais il en est un qui ne peut être passé sous silence.

Aux XIe, XIIe et XIIIe siècles, une contagion redoutable semblait un objet de terreur pour toute l'Europe. Ce n'est pas le lieu de parler des origines de cette horrible lèpre, ni des mesures qui furent prises pour la combattre. On fonda jusque dans les moindres villages, sous l'invocation de saint Lazare ou saint Ladre, comme prononçait le peuple, des léproseries, des mal-ladreries, pour l'isolement des pauvres lépreux. Ce ne furent le plus souvent que des ouches parsemées de cabanes. Puis de vastes maisons furent construites, grâce à la munificence des princes. Philippe-Auguste en fit élever à Amiens, à Falaise, à Evreux, à Senlis, à Sens, à Chartres... Poitiers eut aussi la sienne, un peu au-delà de la porte de Paris, qu'on appelait alors porte Saint-Lazare.

En 1226, il n'y avait pas moins de 2,000 léproseries dans le domaine royal, et Louis VIII donnait 100 sous à chacune d'elles.

Chez nous, on les avait dotées tout autrement. On avait créé une foire que le peuple appelait *foire des Lépreux*, parce que c'était pour eux que tous les droits étaient perçus. Ils formaient, au reste, comme une sorte de corps moral, et, le 23 avril 1267, sous l'autorité de l'évêque, du doyen et du chapitre de Poitiers, une transaction intervenait pour mettre fin au procès entre les lépreux, le maire et la commune de Poitiers. — Dans la donation de 1269, Alphonse compte également la léproserie de Poitiers pour 100 sous; et dans son testament figurent une rente de 10 livres pour le service anniversaire de sa mort, et une autre de 100 sous tournois pour l'entretien des pauvres lépreux (1).

D'autres secours que ces tributs en argent leur furent aussi donnés. C'est le temps de saint François d'Assise et de sainte Élisabeth de Hongrie. Dès le XIIe siècle, un ordre hospitalier et militaire s'était fondé pour secourir les lépreux de la terre sainte. Les hospitaliers de Saint-Lazare recevaient les malades dans leurs propres rangs, et l'histoire a gardé le souvenir du roi Louis VII entrant à l'improviste dans une léproserie entre Paris et Saint-Denis.

Les princes, les religieux et les saints criaient ainsi à la terre entière : « n'ayez plus peur de la lèpre »; et, en effet, un siècle plus tard elle avait pour ainsi dire disparu. Les maladreries étaient depuis longtemps abandonnées quand Louis XIV les supprima. Aussi n'en reparlerons-nous plus et devons-nous revenir aux aumôneries et aux maisons-Dieu.

Toutes celles qui avaient été réorganisées après la renaissance du XIe siècle se trouvaient confiées soit à de petites congrégations de chanoines réguliers ou de chanoinesses, tantôt à des associations de frères et de sœurs laïques auxquels quelques frères prêtres venaient se mêler. Elles suivaient, en général, les conseils de conduite et de piété qui forment la règle de Saint-Augustin. Toutes, du reste, étaient indépendantes les unes des autres, ne reconnaissant d'autre autorité que celle de l'évêque, du chapitre ou du fondateur qui s'en était réservé la direction.

L'établissement du tiers ordre de Saint-François, et la

(1) Voy. Appendice III. — Thibaudeau, pièces justificatives, t. II.

fondation à Montpellier vers 1178-1179 de l'ordre du Saint-Esprit (1), constituent une tentative d'unité. Il faut extraire quelques lignes de leur admirable règle pour résumer les idées qui inspiraient toutes les institutions de la charité :

« Tenez les pauvres pour vos seigneurs, servez-les dès le berceau et l'enfance.....; ayez-en soin jusque dans la sépulture.....

» Vous recevrez les enfants exposés...; afin qu'ils ne le soient pas trop longtemps et ne souffrent pas trop, vous aurez dans les hôpitaux un lieu spécial de telle sorte qu'on les puisse exposer à couvert et où l'on puisse entendre le moindre bruit. Vous accourrez tout aussitôt; et si vous pouvez atteindre cette misérable mère lorsqu'elle jette son enfant, ne la scandalisez pas, mais reprenez-la fraternellement de sa faute et excitez-la à la pénitence..... Si vous pouvez savoir quel est le père de l'enfant, allez à lui, persuadez-le que la nature l'oblige à nourrir son propre enfant, et surtout ne le scandalisez pas.

» Mais si l'enfant reste à la maison, les sœurs en auront soin jusqu'à quatre ans si c'est un petit garçon, et alors on le mêlera aux autres enfants, mais sans leur dire que c'est un enfant exposé, afin qu'on ne lui en fasse point un reproche.....

» Vous aurez soin de leur donner pour maîtres les plus doctes d'entre vous, qui soient doux et qui les aiment.... Vous prendrez les plus savants d'entre eux qui auront soin des autres, un de cinq. Vous leur ferez réciter leurs leçons, et vous verrez comment ils font réciter les autres; et, de cette façon, tous profiteront...

(1) Cibrario dit, I, p. 261 : « l'hospice du Saint-Esprit fondé à Montpellier » en 1070, par Olivier de la Trau... »; or l'hospice a été fondé par le comte Guy de Montpellier à la fin du XIIe siècle, et La Trau, seigneur de la Terrade, est un écrivain du XVIIe siècle. — Voy. le P. Helyot, t. II, p. 195.

» Si leur malice vous oblige de les châtier, faites-le avec une très-grande circonspection ; si vous voyez qu'ils pleurent, pardonnez-leur avec une paternelle et maternelle miséricorde, car il vaut mieux reprendre les enfants que les battre. Si, malgré tout, il ne se corrige pas, frappez-le seulement avec des verges et sans violence, car si par hasard le sang coulait, vous auriez à en faire pénitence..... »

Suivent les prescriptions pour les écoles, où sont admis sans distinction les enfants de la ville avec les enfants trouvés, celles qui concernent l'apprentissage puis l'établissement des filles pauvres, les ménagements envers les femmes qui vont devenir mères, l'hospitalité envers les étrangers et les passants, l'assistance enfin envers les malades :

« Vous les chercherez, commande-t-elle aux religieux. Vous leur laverez en entrant les pieds et les mains, vous leur couperez les cheveux, mais ne les raserez pas ; vous écrirez leur nom sur de l'écorce et l'attacherez à leurs bras ; vous aurez des médecins et des chirurgiens expérimentés. Les frères ne soigneront que les hommes, les sœurs ne soigneront que les femmes.

» Quand les uns et les autres seront guéris, vous leur rendrez tout ce qui leur appartient et les remercierez de l'honneur qu'ils vous ont fait en consentant à venir chez vous.....

» S'ils deviennent infirmes ou incurables, vous les traiterez comme vos pères, vos mères, vos fils ou vos filles.....

» Vous n'oublierez pas les pauvres des villes et des lieux voisins. Vous leur enverrez des frères et des sœurs externes suivant leur sexe ; vous leur donnerez des médicaments, vous les panserez, vous les visiterez.....

» S'il y a des fous dans la ville, vous les accueillerez et vous rechercherez l'origine de leur folie pour y apporter remède.....

» Vous en userez de même avec les enfants désobéissants et les parents dissipateurs en essayant de les convertir.....

» Vous enterrerez les pauvres de la ville ; et si ce sont des femmes, les sœurs externes les enseveliront.... (1). »

On voit que la pensée des Constitutions apostoliques avait porté ses fruits. Ce programme a reçu sa réalisation entière, pendant plusieurs siècles, en des centaines de maisons-Dieu. La règle avait dit à tous ces serviteurs des pauvres : « Pour les malheureux, vous engagerez jusqu'aux vases sacrés, vous ne vivrez que de pain et d'eau, vous leur abandonnerez non-seulement vos lits, mais vos chambres, et vous vous contenterez de paille. » Ce qui leur avait été dit ainsi, ils le firent.

L'administration appartenait, en dernier ressort, soit aux évêques, soit aux chapitres, soit aux fondations laïques, soit aux bourgeois des communes.

A Poitiers, par suite des liens intimes qui unirent toujours la ville et l'église de Notre-Dame-la-Grande, il est certain que l'aumônerie de Notre-Dame fut de bonne heure la plus importante de toutes.

Dès l'année 1202, elle recevait du chapitre des donations importantes (2), et, dans son testament, Alphonse de Poitiers, en 1271, ne gratifie plus qu'une seule maison-Dieu : *domus Dei Pictaviensis*, l'Hôtel-Dieu de Poitiers.

Elle fut de bonne heure sous la direction et le patronage des maires et des échevins, et, en 1389, on supprima la *petite aumônerie de l'Échevinage* pour en réunir les revenus et les charges à l'aumônerie de Notre-Dame. Pierre Regnault

(1) *Revue de l'art chrétien*, op. cit., p. 606 à 610.
(2) Archives de l'Hôtel-Dieu de Poitiers. — Voy. appendice II.

avait été élu maire pour la huitième fois. Il fit reconstruire l'aumônerie des pauvres, et, depuis lors, l'aumônerie de l'Échevinage et l'aumônerie de Notre-Dame réunies furent, comme disent les papiers du temps, l'*aumônerie commune.*

Mais nous touchons ici à une troisième transformation des manifestations extérieures de la charité.

Pendant les trois premiers siècles, c'est *la période des diacres;* elle s'accomplit à domicile. Les envoyés de la charité pénètrent dans les bouges des pauvres et des esclaves romains. Avant de les conduire aux catacombes, au milieu de la blanche foule des néophytes, ils les guérissent et les consolent.

Puis, après le triomphe de l'Eglise, pendant trois siècles, et lors de la renaissance charitable du XIe siècle, c'est l'ère *des fondations ecclésiastiques*, indépendantes les unes des autres, disséminées sur tous les points du territoire.

Au XVe siècle, d'autres besoins se feront jour. L'esprit administratif, la pensée de faire concourir au bon ordre et à la bonne police de l'État les anciennes fondations des siècles antérieurs, la nécessité de supprimer les abus qui s'étaient introduits, vont inaugurer une ère nouvelle, celle de la prépondérance des autorités municipales et des ordonnances de la Royauté.

Plusieurs des bienfaits que s'étaient proposés les fondations anciennes ne trouvaient plus d'application.

Les léproseries étaient devenues inutiles, les pèlerinages à Saint-Jacques plus rares. Des ponts en grand nombre avaient été bâtis, les hôtelleries s'étaient multipliées, bien des centres de population avaient été dispersés et détruits, et les aumôneries n'y avaient plus de raison d'être, tandis qu'ailleurs elles étaient devenues insuffisantes.

D'un autre côté, un grand nombre de fondations anciennes avaient été victimes d'un rapide déclin, non-seulement par suite de l'affaiblissement de la foi primitive et les malheurs des guerres anglaises, mais aussi par des causes qui affectent toute la constitution politique et économique du pays.

Chacune de ces fondations avait été dotée, à son origine, en rentes ou en biens-fonds, et ceux-ci étaient affermés à longs termes par baux emphytéotiques, comme d'usage au moyen âge. La rente et les fermages restaient les mêmes, malgré les variations et la décroissance rapide de la valeur de l'argent. Plusieurs fondations se trouvèrent ainsi atteintes dans leurs ressources nécessaires.

D'un autre coté, c'est un trait caractéristique du moyen âge que la transformation de toutes les dignités et de toutes les fonctions ecclésiastiques ou laïques en *bénéfices*. Cette usurpation de pouvoir dans la tenure des fiefs avait conduit à la féodalité, c'est-à-dire aux bénéfices héréditaires; par le relâchement des mœurs et de la discipline, elle s'introduisit également dans l'administration des monastères, des cathédrales, des collégiales, des simples paroisses, et fit de ces charges des bénéfices temporaires ou viagers, réguliers ou séculiers.

Les conséquences furent désastreuses pour les établissements charitables.

« Le *maître* ou *recteur*, qui ne devait être qu'un administrateur tenu de rendre compte de sa gestion, s'attribua, » comme *bénéficiaire*, la jouissance des biens. Souvent il » résidait hors de l'établissement, touchait les revenus et se » déchargeait des soucis de l'administration sur des remplaçants à gages qui prenaient peu de soin des pauvres. » Après avoir consacré quelque somme au service intérieur

» de la maison, il gardait le surplus comme lui apparte-
» nant en propre. Simple usufruitier, il s'abstenait parfois
» des réparations les plus nécessaires, laissant tomber les
» bâtiments en ruine et s'inquiétant peu des usurpations
» que son insouciance rendait plus faciles (1). »

L'Église avait toujours tendu à associer à la charité le peuple tout entier.

Avec un sentiment très-vif et très-prompt du danger qu'une de ses œuvres chères allait courir, elle compta sur l'influence nouvelle que la bourgeoisie avait acquise et lui demanda son concours pour l'administration des hôpitaux.

« C'est pourquoi, dit Fleury, le concile de Vienne de 1311 défendit de plus donner les hôpitaux, en titre de bénéfice, à des clercs séculiers, et ordonna que l'administration en fût donnée à des laïques, gens de bien, capables et solvables, qui prêteraient serment comme des tuteurs, feraient inventaire et rendraient compte tous les ans par-devant les évêques. »

Les commissions laïques ne réussirent pas toujours, et le régime des bénéfices se perpétua malgré les prescriptions canoniques. Aussi bien le désordre, déjà grand au milieu du XVe siècle, fut-il à son apogée au XVIe, et la royauté contrainte d'intervenir pour y porter remède.

Le premier exemple de l'intervention royale est du règne de Louis XI ; il prescrivit, en 1476, une enquête sur les quatre hôpitaux de Bordeaux, la confiant à une commission composée d'un chanoine, du sous-maire, de deux bourgeois et d'un procureur royal.

A partir de François Ier les exemples abondent, et la charité est devenue affaire de gouvernement. Comme en tout, la

(1) De Beaucorps, loc. cit.

royauté trouva dans la lutte contre les fondations anciennes d'origine ecclésiastique deux auxiliaires infatigables : les Parlements et les communes.

Dès l'année 1435, le Parlement siégeant à Poitiers avait tarifé la contribution que le clergé et les chapitres devraient supporter pour le soulagement des pauvres. De même qu'en 1505 un arrêt du Parlement avait confié l'administration de l'Hôtel-Dieu de Paris à huit bourgeois nommés par le prévôt des marchands et des échevins, ne réservant au chapitre de Notre-Dame de Paris que l'autorité spirituelle, nous voyons la sénéchaussée de Poitiers rendre une ordonnance, le 11 décembre 1506, ajournant les aumôniers des aumôneries de cette ville pour répondre au reproche de ne pas accueillir les pauvres que le corps de ville avait porté contre eux (1).

Ce fut le commencement d'une lutte qui dura plus d'un siècle, et ne prit fin que devant des nécessités impérieuses et la toute-puissance de Louis XIV.

Je ne puis insister sur le double caractère de cette lutte. Elle tend à enlever au clergé l'administration du temporel des hôpitaux pour l'attribuer au pouvoir civil; elle tend à enlever aux bénéficiers la jouissance des biens des anciennes fondations pour les faire tourner au profit des institutions administratives de la monarchie (2).

Le triomphe de la royauté était déjà complet en 1545, quand un édit du 15 janvier de cette année ordonna « à tous » gouverneurs et administrateurs d'hôpitaux et autres lieux » pitoyables de remettre, dans le délai de deux mois, leurs

(1) Arch. municipales de Poitiers.

(2) Voy. les grands-jours de Poitiers, art. de M. Pasquier, *Revue historique du droit*, 1874, p. 91 et 93. — L'édit de 1541 sur les grands-jours avait ordonné « qu'ils pourvoient aux églises, hôpitaux et autres lieux piteux desdits pays...., à la nourriture des pauvres... »

» comptes de gestion aux baillis, sénéchaux et prévôts qui » feront une enquête sur tout ce qui concerne lesdits hôpi- » taux et l'enverront au procureur général. »

Et l'édit du 10 mai 1561 ou « informé que les hôpitaux et autres lieux pitoyables du Royaume ont été si mal administrés que plusieurs, à qui cette charge a été commise, approprient à eux et appliquent à leur profit la meilleure partie du revenu d'iceux et ont quasy aboli le nom d'hôpital et d'hospitalité, sous couleur qu'ils prétendent aucuns desdits lieux pitoyables être titulaires et bénéfices en titre, défraudans les pauvres de leur deüe nourriture.....,

» Le Roi....., comme vrai conservateur des biens des pauvres....., ordonnons..... que tous hôpitaux, maladreries et léproseries et autres lieux pitoyables, soit qu'ils soient tenus en titre de bénéfice, ou autrement....., seront désormais régis... par gens de bien esleus et commis de trois ans en trois ans.....

» Ordonnons..... aux juges des lieux arbitrer et taxer dedans un mois, pour tout délai, à tous ceux qui se prétendent titulaires, de quelque qualité qu'ils soient et quelque provision qu'ils aient obtenue....., certaine somme pour leur vivre et vestiaire seulement.....; le surplus du revenu..... sera entièrement employé à la nourriture et nécessité des pauvres.....

» Commandons à tous juges des lieux d'informer diligemment, et par le menu, en quoi consiste le revenu desdits hôpitaux, maladreries, léproseries et autres lieux pitoyables, quel nombre de pauvres ils peuvent porter, et de ce lesdits administrateurs dresseront un état dont lesdits juges feront procès-verbal; ensemble de la taxe faite à celuy qui se prétendra titulaire, et de l'exécution entière du présent édit..... »

Les résistances furent persévérantes et nombreuses, et l'énumération serait longue des ordonnances, des arrêts du conseil, des décisions du Parlement qui eurent pour but de les vaincre.

Le bénéficier de l'aumônerie de Notre-Dame résista comme bien d'autres. Un moment, il avait cru triompher. Par arrêt rendu au grand Conseil, le 11 mai 1543, son aumônerie fut déclarée *bénéfice en titre*, et il était déchargé de rendre aucun compte. Mais, les ordonnances étant intervenues, un arrêt des grands-jours, du 19 décembre 1579, décida que ceux qui, depuis trente ans, avaient eu l'administration des hôpitaux et aumôneries, rendraient compte, et qu'à l'avenir lesdits hôpitaux et aumôneries seraient gouvernés par trois personnes députées par l'évêque de Poitiers, le sénéchal du Poitou, le maire et un échevin, avec défense aux prétendus titulaires de s'immiscer en ladite administration.

Quarante ans plus tard, le 25 mai 1619, le Parlement de Paris condamnait encore l'abbé et chapitre de l'église Notre-Dame et le sieur Denesde, aumônier.

Les maires et échevins de Poitiers n'avaient pas attendu que l'arrêt du Parlement fût confirmé au grand Conseil, le 1er avril 1620, pour se faire mettre en possession des maisons dépendantes de l'aumônerie par M. Brochard, doyen des conseillers de la sénéchaussée de Poitiers. Le titre d'aumônier put être conservé plus de cent ans encore par l'un des membres du chapitre, mais la vieille aumônerie de Notre-Dame avait disparu (1).

Ces conflits furent longtemps atténués dans notre ville par une institution locale qu'on voit agir pendant trois siècles :

(1) Archives du département de la Vienne, fonds Notre-Dame-la-Grande.

c'est la *communauté des pauvres*, bien connue autrefois sous le nom de *Dominicale* (1).

C'était une association convoquée, chaque dimanche, par le maire, sous la présidence de l'évêque. Elle se composait de quatorze personnes : sept laïques pris parmi les échevins, et sept ecclésiastiques : deux chanoines de Saint-Pierre, deux de Saint-Hilaire, un de Notre-Dame, un de Sainte-Radégonde et un de Saint-Pierre-le-Puellier.

Au reste, en outre des empiétements de l'administration royale, les fléaux et les pestes venaient souvent avertir que les sociétés humaines ne peuvent se désintéresser du soin des malades et des pauvres. Les pieuses fondations du moyen âge avaient tourné au profit de quelques bénéficiers; des épidémies redoutables survinrent qui rappelèrent à la charité qu'on avait oubliée.

L'histoire a gardé le souvenir de la peste qui désola nos contrées en 1439. Il en fut de même en 1520. Le danger d'encombrer la ville, déjà décimée, porta François Fumée, qui venait de sortir de mairie, à acheter un vaste terrain et à l'abandonner à la ville pour y construire l'hôpital des pauvres pestiférés. Toutes les compagnies firent des aumônes pour cette construction, qui s'appela aussi l'*Hôtel-Dieu* (2) et dont l'emplacement garde encore aujourd'hui le nom de l'*Hôpital-des-Champs*. Cent ans plus tard, nouvelle peste, celle-là presque dans toute la France et exerçant à Poitiers de terribles ravages. C'est au plus fort du fléau que le P. Garasse trouva cette mort héroïque et sainte qui impose le respect, et qui toucha le cœur de ses ennemis mêmes.

Qu'est-ce donc, en ce monde, que la gloire ou, pour mieux dire, la célébrité?

(1) Archives municipales.
(2) Liberges, *Histoire du siège de Poitiers*, p. 37 et 225.

Il n'y a guère que deux siècles, on s'arrachait les livres du P. Garasse, les gros volumes comme les pamphlets! Une singulière connaissance des lettres sacrées ou profanes s'y unissait à l'imagination bizarre et passionnée, mais avec tant de couleur, de mouvement incorrect, de gaîté folle, tant d'ironie impitoyable, de foi si vive, d'éloquence même à ses heures, qu'à une telle lecture amis et ennemis s'animaient à la lutte : qui pour l'Université, qui pour les Jésuites, qui pour le Parlement; les uns pour le privilége, d'autres, dirait-on si l'on n'était pas au XVIIe siècle, d'autres, pour la liberté.

Parmi les adversaires de la compagnie que défend Garasse, nul ne sera épargné : l'avocat général Servin, ni Pasquier; le prieur Ogier ou l'illustrissime Balzac, non plus que Théophile le poète impie. Combien, dans ces luttes, il a plus de hardiesse que les autres et de plus franches coudées! Combien Voltaire qui le vilipende, et combien d'autres polémistes plus rapprochés de nous, en l'admirant peut-être, lui empruntèrent, sans le dire, et ses procédés et ses armes bien trempées. Le renom de ceux qu'il combat, celui de Servin ou de Pasquier, les souvenirs du Parlement, m'empêchent de le trop louer : il eut trop d'affaires avec les avocats généraux! Mais on peut dire qu'il dépassa tous les autres lutteurs par la sincérité de la passion, une extrême délicatesse de conscience et une vraie charité. Il le montra bien dans sa réconciliation avec Balzac, et il devait, au milieu de nous, en fournir, par sa mort même, un bien plus grand exemple.

Le roi Henri IV, qui doit rester le modèle des princes par sa clairvoyance patriotique à dominer son propre parti parlementaire et protestant, qui appelait à son premier ministère, avec Sully, des membres de la Ligue comme Villeroy ou Jeannin, venait aussi de rappeler les Jésuites et de leur accorder des lettres patentes adressées au bailliage de Poitiers le 7 août 1604, pour la fondation d'un collége royal.

Ils reçurent du corps de ville les bâtiments de l'ancienne aumônerie de Sainte-Marthe et y fondèrent le puissant collége Sainte-Marthe où nos grands-pères ont été élevés.

Garasse y avait enseigné pendant quelques années. Obligé de quitter Paris au plus grand éclat de ses luttes, il était allé à Bordeaux où la peste commençait à sévir ; il y « fut » des plus empressés à briguer l'honneur d'être martyr de la » charité, honneur qu'il reçut à Poitiers deux ans après » (1).

Quand il sut, en effet, que la contagion y avait éclaté, le lutteur infatigable y accourut, et sa dernière violence fut faite, en quelque sorte, à ses supérieurs pour obtenir un poste où il était à peu près sûr de mourir. « Entré dans » l'hôpital, il n'en sortit plus ; » il succomba le 16 juin 1631, à l'âge de 46 ans. « Il resta sur le champ de bataille » au milieu des pauvres et des mourants, les consolant » par ses paroles et son exemple jusqu'au dernier soupir. »

Cette date de 1631 est le commencement d'une ère de calamités amassées par la guerre de Trente ans et plus tard par la Fronde. La peste avait sévi dans la France entière, et ne l'avait jamais complétement quittée, quand elle reparut menaçante, en 1636, à Paris et dans les provinces.

Bien des associations se fondèrent alors pour le secours des pauvres.

On sait que la bienfaisance publique était dans les habitudes des magistrats. Les *Registres du Parlement de Paris* comme ceux *de Rouen*, et les Mémoires de Talon, nous

(1) Voy. *Histoire des jésuites de Paris*, an. 1621, 1626, introduction par le R. P. Carayon et M. Charles Nisard, gladiateurs littéraires, t. II, p. 207.

parlent des *assemblées charitables* qui valurent à quelques-uns de leurs membres une grande réputation de charité : Pomponne de Bellièvre, Lenain, Maignart de Bernières de Rouen, Mmes de Lamoignon, de Herse et bien d'autres.

A côté des parlementaires, une autre association se fonde sous le nom de *compagnie du Saint-Sacrement*, se proposant d'agir par tout le royaume. Le duc de Ventadour en avait conçu la pensée dès 1627. Elle prit corps en 1630, et contribua puissamment à la fondation de l'Hôpital général et des Incurables de Paris. Saint Vincent de Paul, vers 1633, avait commencé à en faire partie. Elle avait créé des associations correspondantes en province. A Poitiers ces statuts furent reçus par M. Filleau, et la compagnie du Saint-Sacrement s'y était fondée vers 1640. M. de la Roche-Posay, évêque de Poitiers, l'intendant d'Argenson et son frère, prieur de Saint-Nicolas, s'y firent admettre.

Or c'était une organisation très-puissante. Ses ramifications dans chaque ville, les visites des associations provinciales par la compagnie de Paris, éveillèrent les inquiétudes de Mazarin, qui en fit décider la suppression.

Ce ne fut pas sans beaucoup d'œuvres accomplies, car c'est avec son concours que s'opéra dans toute la France la fondation des *hôpitaux généraux*.

Les idées avaient changé non moins que les besoins. Au moyen âge, on établit un grand nombre de maisons hospitalières, de dimensions restreintes. On ne songeait qu'aux misères locales, à une souffrance déterminée. Au XVIIe siècle, au contraire, on construit les édifices les plus vastes où l'on puisse abriter et réunir le plus grand nombre possible de pauvres ou de malades. C'est qu'avec les désordres des guerres, le vagabondage et la mendicité avaient pris un développement considérable. On voulut faire servir le patrimoine charitable à leur répression. L'esprit administratif souvent est moins préoccupé de charité que de bon ordre. Depuis longtemps il prenait souci des « oiseux, joueurs de » dés, enchanteurs ès rues, truandants ou mendiants valides. » On avait tenté d'établir une taxe des pauvres quelques années avant qu'Élisabeth ne l'établît en Angleterre; mais elle avait peu réussi. On préféra l'établissement de maisons de travail où les mendiants valides seraient forcés de se rendre.

L'édit du roi pour l'établissement de l'Hôpital général de Paris fut enregistré au Parlement le 1er septembre 1656.

Chez nous, dès 1644, la compagnie du Saint-Sacrement avait inspiré la formation de cet *hôpital-atelier*, et, en 1657, on pouvait y réunir jusqu'à 200 pauvres. C'était un résultat considérable, car le garde des sceaux de Marillac avait depuis longtemps écrit à Molé « qu'enformer 200 mendiants, c'était en chasser 800, parce que les 600 autres travailleraient pour garder leur liberté (1). »

On travaillait, au reste, pour l'avenir, car « en ostant la » mendicité publique, on n'oste pas tout à fait la pauvreté; » mais au moyen des manufactures et ouvrages qu'on » apprent aux enfants, on espère d'oster au moins la gueu» serie héréditaire des pères et mères aux enfants (2). »

Tout ici est dû à l'initiative locale, à des contributions volontaires. Les lettres patentes ne furent accordées qu'en 1675. On ne commença à bâtir qu'en 1680; l'achèvement

(1) Lettre de Marillac à Molé du 27 août 1629. — Soc. de l'hist. de France; Mém. de Molé.

(2) *Avertissements* en tête des articles proposez par aucuns notables habitans pour l'establissement, direction et intendance d'un hospital des pauvres renfermez..... à Poitiers chez Jean Fleuriau M.DC.LVII. Coll. de M. Bonsergent.

eut lieu seulement en 1689, et l'hôpital général ne fut doté qu'après le célèbre édit de mars de 1693.

Le roi s'y réservait le droit de disposer de tous les biens et revenus des anciennes léproseries et aumôneries, et, en effet, en 1695 un arrêt du Conseil réunissait à l'Hôpital général la maladrerie de Saint-Lazare, les aumôneries de Saint-Mathurin, de la Madeleine, de Saint-Jacques de la Vergne, de Sainte-Marthe, de Chasseneuil et de Vendeuvre. L'Hôtel-Dieu reçut aussi sa part des libéralités, et s'enrichit des revenus de Saint-Barthélemy de Croutelle et de l'aumônerie de Vouillé.

En même temps tous les couvents et les chapitres auprès desquels se distribuaient autrefois des aumônes furent tarifés, et des lettres patentes de 1725 opérèrent la réunion de ces aumônes à l'Hôpital général et à l'Hôtel-Dieu (1).

Comme en 1619, nous avions vu disparaître l'aumônerie de Notre-Dame, après 1695 il en est de même pour toutes les autres.

Nous pouvons le redire, la charité est devenue affaire de gouvernement ; sa fécondité, pour cela, n'était pas tarie.

En 1627, une lettre de Marie de Médicis avait recommandé au corps de ville les *frères de saint Jean de Dieu*, et l'on peut voir encore sur le plan de Montierneuf les restes d'une façade élégante avec cette inscription : L'HÔPITAL DES RELIGIEUX DE LA CHARITÉ. Ils donnaient leurs soins aux hommes malades.

Il y avait aussi les religieuses hospitalières pour les femmes malades, et les pénitentes pour les femmes que la misère a conduites au vice et qui cherchent la réhabilitation chrétienne du repentir.

(1) Archives du département, fonds de l'intendance.

Veut-on savoir comment se fondait un hôpital, qu'on entende l'histoire du P. de Montfort. Il prêchait à Saint-Saturnin. En 1706, il apprend qu'il existe au faubourg un jardin de rendez-vous coupables, appelé le *jardin des Quatre-Figures*, à cause des quatre statues qui le décorent.

Un jour, il rencontre un pauvre incurable; il le prend sur ses épaules et le dépose dans une misérable chambre pratiquée sous un rocher au jardin *des Quatre-Figures*. Bientôt après, il en amène deux autres et les confie au soin de filles vertueuses. L'hôpital était fondé.

Les donateurs viendront plus tard.

En 1735, M. Délimeric d'Echoisi, grand prieur d'Aquitaine, achètera des maisons et des terrains; on bâtira, et sur la porte de l'édifice nous lisons encore aujourd'hui : *Hôpital des pauvres incurables,* 1748.

Un prêtre généreux qui joue un grand rôle charitable à la fin du XVIIIe siècle, Huret, curé de Saint-Savin, n'aura plus, en 1785, qu'à compléter l'œuvre du grand prieur.

Mais le principe de la charité, son caractère humain, vivant et populaire, apparaît surtout dans l'administration et dans la vie intérieure des asiles des pauvres. Je ne parle pas seulement des grandes fondations d'ordres auxquelles se rattache le nom de saint Vincent de Paul et de Louise de Marillac : le XVIIe siècle est pour ainsi dire tout illuminé de leur gloire. Je ne parle pas non plus de la fondation en Poitou des filles de la Sagesse; elle a été racontée ailleurs. Elle a, pour nous, rendu populaires le nom du P. de Montfort et celui de Louise-Marie Trichet, fille de Julien Trichet, procureur au présidial, née en la paroisse Saint-Étienne le 7 mai 1684, et qui devint la sœur Marie-Louise de Jésus (1).

(1) Voy. *Histoire des congrégations religieuses d'origine poitevine,* par Ch. de Chergé. Poitiers, Dupré, 1856.

Au reste, ces ordres charitables ne vinrent prendre qu'assez tard la direction de nos établissements hospitaliers. Les sœurs de Saint-Joseph, dites sœurs hospitalières, avaient à la vérité, pendant onze ans, de 1644 à 1655, donné leurs soins aux pauvres de l'Hôtel-Dieu, comme avaient fait, pendant quelque temps, les frères de la charité. Mais ce fut en 1748 seulement que les filles de la Sagesse prirent la direction de l'Hôpital général, et en 1760 celle de l'Hôtel-Dieu.

Il est remarquable que jusque-là ces établissements furent placés sous l'autorité de directrices laïques, les unes d'origines illustres, d'autres empruntées pour ainsi dire à la classe des artisans, égales les unes et les autres par le sacrifice et la piété. Les papiers du temps en font connaître plusieurs.

L'une était Catherine, veuve de Garin, seigneur de Chaumes, issue d'une ancienne famille du Poitou. Elle était fille de René, chevalier, seigneur de Chouppes, et de Catherine Goyer, fille de François Goyer, conseiller au Parlement. « Devenue veuve, elle prit la direction de l'Hôtel-Dieu de » Poitiers à la demande du maire et des échevins, et y » mourut le 2 juin 1668 en odeur de sainteté (1). »

Une autre se consacrait à l'embellissement de la vieille Maison-Dieu. « Aujourd'hui 3e jour de novembre 1734, on » a béni dans cette maison une image de Notre-Dame de la » Providence, et, le même jour, elle fut posée dans la niche » qui est au-dessus du portail de la cour par les soins de » mademoiselle de Voyer, gouvernante des pauvres, toujours » vigilante à procurer la gloire de Dieu et le bien de cette » maison.....

» Duperray, aumônier (2). »

(1) *Mémoires du marquis de Chouppes*, introduction de M. C. Moreau, p. 15. — Paris, Techener MDCCCLXI.

(2) Registres de l'état civil de Poitiers.

Autour de ces directrices se groupaient les volontaires, laïques presque toujours, mais réunis en pieuse congrégation. Je ne puis résister au désir de tirer de l'oubli le nom de l'une d'entre elles : « Sœur Geneviève Charmeteau, ser- » vante des pauvres de l'Hôtel-Dieu de Poitiers, qui mourut » le samedy saint 16 mars 1761, âgée de 71 ans, ayant » passé 51 ans au service des pauvres. » Son frère, maître perruquier de notre ville, lui a consacré des pages touchantes dans son journal intime. Je lui emprunte un renseignement intéressant :

« Ce fut elle qui a occasionné que l'Hôtel-Dieu soit chargé des enfants trouvés. La Providence favorisa son entreprise, car n'y ayant point de fonds à cette maison pour cette partie, cela n'a pas laissé de soucys. Elle fut aussi l'inventatrice des filles du Bon-Pasteur. M. l'abbé Audinet, très-digne prestre, seconda son dessein, et il en devint ensuite le support et le seul directeur, ma sœur ayant assé d'occupation auprès des enfans trouvés... (1). »

S'il était venu au monde un siècle plus tard, après tous les progrès dont on parle souvent, le maître perruquier de Poitiers n'aurait pas su mieux dire ; peut-être n'eût-il point aussi bien pensé !

Nous en sommes venus au terme de cette longue histoire ; la Révolution elle-même n'y a ajouté que bien peu de traits nouveaux.

A peine si l'on peut mentionner un changement de domicile pour l'Hôtel-Dieu.

Le 16 mai 1670, on avait pendu à Poitiers Jean Pinet, re-

(1) Journal inédit de Pierre Charmeteau, du 10 avr. 1731 au 25 juin 1767 (collection, si riche en documents relatifs à l'histoire locale, de M. Bonsergent).

ceveur des tailles et concussionnaire. On confisquait, en même temps, la demeure splendide qu'il s'était construite. M. de Bâville, intendant du Poitou, y logea quelque temps. Elle fut ensuite donnée par le roi au grand séminaire, et, depuis la loi du 18 frimaire an IV, c'est là qu'est l'Hôtel-Dieu.

Les communautés religieuses étant supprimées, on réunit à l'Hôpital général la maison des frères de la charité, et l'on remplit de ceux que l'on appelait *suspects* les bâtiments des sœurs hospitalières et des pénitentes; mais pour ce qui est du cœur de l'homme, la religion, la charité, la famille, la propriété qui est aussi de l'homme, les révolutions demeurent impuissantes. Il suffit que les sociétés reviennent à elles-mêmes, à une vie régulière, pour qu'avec la liberté de la vie religieuse et le sentiment du devoir dans la cité, les institutions charitables reprennent une vigueur nouvelle.

Chez nous, où l'esprit local et l'empreinte des vieilles mœurs ne se sont pas effacés, l'esprit de charité et le respect pour ceux qui s'y consacrent sont restés dans les individus et dans les familles comme une marque de race.

C'est qu'en effet elle n'a jamais été nulle part, dans notre ville moins qu'ailleurs, le lot de quelques-uns.

Ces chapitres et ces bourgeois, ces écoliers des églises comme Pierre de La Vergne, ces veuves d'échevin comme Guillemette Giraud, qui fondent les aumôneries du moyen âge, ces associations laïques ou religieuses qui les desservaient, ces fondatrices d'ordres charitables comme Marie-Louise Trichet, ces gouvernantes comme Mme de Chaumes ou Mlle de Voyer, ces servantes des pauvres comme Geneviève Charmeteau, ce sont les enfants du vieux sol. Ils sont nôtres; et, nous aussi, nous leur appartenons.

Certes, bien des misères ont disparu. Un système économique plus avancé, une plus docte médecine, une meilleure entente des règles de la famille, ont transformé, en bien des points, les devoirs de l'assistance.

Mais à côté de cela, l'esprit de secte, qui s'est emparé de plusieurs, a créé de bien grandes misères, jusqu'à présent inconnues. C'est comme une contagion morale qui s'étend sur l'Europe, où, sous couleur de progrès, l'esprit de charité semble disparaître.

L'égalité a été conquise, moins à la vérité comme un droit cent fois légitime que comme le triomphe d'un haineux instinct, et les classes nivelées semblent s'isoler plus profondément que jamais.

Que ceux qu'a épargnés le mal se fortifient par l'étude du vrai passé du pays; qu'ils y recherchent les marques de l'accord qui a régné entre toutes les classes pendant des siècles; qu'ils y retrouvent les titres de cette noblesse commune à tous, qui avait fait de nos vieilles villes de vraies cités, et de notre pays une société unique et un grand peuple.

Puis, qu'après s'être ainsi perfectionnés eux-mêmes, ils aillent à ceux qui ont besoin d'être guéris, et, quand on les entendra si désintéressés et si sincères, on les croira.

Le mal est grand à guérir. Mais l'histoire est là qui nous montre que le christianisme est à lui seul une grande école de diacres; qu'au-dessus des œuvres de charité qui se transforment et qui passent, il y a la charité elle-même comme un devoir constant, et que, dans ces grandes misères publiques, deux remèdes se sont retrouvés, toujours les mêmes, infaillibles : le propre perfectionnement et l'amour de ceux que le mal a frappés.

APPENDICE.

I.

(*Extrait des manuscrits de dom Fonteneau, tome XXI, page 11.*)

UNION DU PETIT MONASTÈRE DE MAZEROLES A L'ABBAYE DE NOAILLÉ, ET FONDATION D'UN HÔPITAL DANS LA VILLE DE POITIERS PAR ANSOALD, ÉVÊQUE DE CETTE VILLE ET PEUT-ÊTRE ABBÉ DE SAINT-HILAIRE.

(Vers 696. — Original. — Abbaye de Noaillé.)

Maciriolas cellula super amnen Vingennam, quam desertam absque cultoribus, vel officium reditum inveni. quam postea restaurare et reintegrare fecimus, in qua sanctum Dei peregrinum ex genere Scotorum, nomen Romanum, episcopum, cum suis peregrinis, constitui rectorem, et instituceram ut ipsi peregrini inibidem perseverarent. Sed dum contigit mors ipsius sancti Dei, et ex ipsis talis non fuerat rector, qui hoc gubernare deberet, ne ipsum opus factum periret, ipsam cellulam venerabili in Christo fratri nostro Chroscelmo abbati commendavi, suoque monasterio conjunxi, ut simul in unum conglutinati, melius Domino servirent consolati. Precor ut hæc institucio, quam propter amorem Christi vel compendium servorum Dei feci, firmun et inconvulsum permaneat. Sinodoxium pauperum, id est egrotorum et debilium, intra muros Pictavis civitatis nostro opere constructum, in quo et oratorium in honore sancti Luce Evangeliste, ædificare jussimus et constituimus, ut semper sint numero duodecim egrotantium, cum unus invaluerit de infirmitate et recedit, alter egrotus in ejus introeat locum. Locella vero, que ad sustentationem ipsorum pauperum, unde victum et vestitum vel necessaria habere possint, tam de ratione ecclesiæ vel de quolibet adtracto ibidem semper, quorum sunt vocabula, Asinaria in pago Briosense, Orcandogelus in pago Ingolininse, quem inlustris matrona Cartaria nobis donavit, Prantiaco villa, que est super amnem Vedauna, et Lentiaco quem Leotbertus clericus nobis habere firmavit, et Lucaniaco, quem Erpoaldus per nostrum beneficium habuit. Hæc vero locella cum edificiolis, terris, vineis, silvis, pratis, hominibus tam ingenuis quam servis, cum omnibus beneficiis in se habentibus, cum pecuniis, peccoribus, utriusque generis vel sexus, volo ut omni tempore ad ipsum senodóxiolum proficiat. Quod vero senodociolum cum omni constructione vel prefata locella in omnibus nutrito ac fideli nostro Guidobaldo commisimus..... ministrationem vel gubernacionem, omnia que eorum necessa..... fuerint supleantur; precorque dictis successoribus nostris pert..... inseparabilem ut diebus vite ipsius numque de ejus potestate sinodocioli auferatur, nec nihil exinde m..... (*Le reste de l'acte est déchiré.*)

II.

(4 février 1202.)

Acte par lequel l'abbé et le chapitre de Notre-Dame-la-Grande de Poitiers accordent une prébende entière à l'aumônerie de Notre-Dame, à la requête de Pierre Bariller, préchantre de cette église. (Copie authentique sur papier du 23 décembre 1619, d'après un vidimus de l'official de Poitiers du 10 avril 1397. — Archives de l'Hôtel-Dieu de Poitiers.)

Ego Gevasius, Sanctæ Mariæ Majoris Pictavensis abbas et totum ejusdem ecclesiæ capitulum, omnibus Dei fidelibus in perpetuum; quoniam rerum gestarum memoriam aut oblivio sepelit aut sæpe malignitas pervertit utrisque volentes incommodis occurere, per præsentem paginam volumus notitiæ omnium subjacere quod ad petitionem dilecti fratris et concanonici nostri Petri Barillerii, ecclesiæ nostræ præcintoris, concessimus et dedimus domni elemosinariæ nostræ quæ sita est ante ecclesiam nostram integram præbendam in perpetuum, in omnibus quæcumque percipit canonicus, ad pauperes Christi substentandos, conservato quidem illi pauperi domni beneficio quod habebat ante in ecclesia nostra, id est quatuor denariis et obolo singulis hebdomadis et una justa vini quotidie et sarmento de clauso ad pauperes Christi calefaciendos. Tradidimus etiam dilecto nostro præfato Petro Barillerio administrationem domus memoratæ cum pertinentiis suis quandiu ipse eam tenere voluerit, nec eum in aliquo inquietare vel molestare aliquatenus atentabimus. Quod ut majorem firmitatem habeat præscriptam donationem nostram præsentis paginæ scripto consignavimus sigillo capituli nostri ob aucthoritatem ut ratum maneat; confirmantes hujus autem concessionis et donationis testes sunt et authores quorum nomina et signa subscribuntur : signum Gervasii abbatis, signum Petri Barillerii præcintoris, signum Guillermi de Archi succintoris, signum Drogonis de Bernazayo, signum Allardi de Bornolio, signum magistri Guillermi de Mirebello, signum Joannis Pinerii, signum Petri Cotani, signum Reginaudi de Monstorilio, signum Cherbaudi, signum Audonis, signum Roberti Cochim, signum Petri Pellipari, signum Aymerici de Bornolio, signum Roberti de Rochetta, signum Joannis Feronnis, signum Hugonis Galardonis, qui omnes canonici sunt beatæ Mariæ Majoris Pictavensis. Multi etiam alii testes affuerunt quorum nomina subjicentur et signa : signum Moricii Pictavensis episcopi, signum Gaufridi Pictavensis decani, signum Hugonis Pictavensis subdecani, signum Calonis Pictavensis precintoris, signum Bernadi Pictavensis succintoris, signum Hugonis Sancti Hillarii Magni decani, signum Guillermi Sanctæ Radegondis prioris, signum Sigorini Sancti Hillarii de Cella prioris, signum magistri Petri de Chiriaco, signum Bernadi Silvani junioris, signum P. Silvani, Sanctæ Radegondis canonicorum. Multi etiam alii testes affuerunt quorum nomina longum est recitare. Hoc autem factum est anno ab incarnatione Domini millesimo ducentesimo secundo quarto nonas februarias, pontificatus Innocentii papæ anno quarto, præsidente cathedræ Pictavensis Moricio episcopo, regnantibus Philippo in Gallis, Joanne in Anglia.

III.

(23 avril 1267.)

Jugement arbitral sur des démêlés qui s'étaient élevés entre la commune et les lépreux de Poitiers au sujet d'une foire appelée *foire des Lépreux*, et de certains droits qui y étaient attachés. (Orig. parch., autrefois scellé de trois sceaux : de Hugues, évêque de Poitiers; de Raoul, doyen, et du chapitre de l'Église de Poitiers. — Arch. de la ville de Poitiers.)

Omnibus Christi fidelibus presentes litteras inspecturis, Hugo Dei gratia Pictavensis episcopus, Radulfus decanus et capitulum Pictavense, salutem in Domino. Noveritis quod cum contentio verteretur inter capellanum et leprosos Pictavenses ratione quarumdam nundinarum et jurium ad eas pertinentium, que nundine vulgaliter appellantur nundine leprosorum Pictavensium, ex parte una, et majorem et communiam Pictavensem, ex altera : tandem de omnibus contentionibus et querelis quas habebant ad invicem inter se ratione prædictarum nundinarum et jurium ad eas pertinentium, compromissum exstitit hinc inde scilicet a predictis majore et communia Pictavensi et predictis capellano et leprosis in venerabilem virum subdecanum ecclesie nostre Pictavensis et Guillelmum Barbitonis, civem Pictavensem. Qui dicti arbitri, onere dicti arbitrii in se suscepto, dictum suum seu ordinationem suam super dicto arbitrio et ratione compositionis pacis protulerunt presentibus Petro Alemanni clerico, procuratore dictorum majoris et communie litteratorio destinato, Philippo Poverelli cive Pictavensi, procuratore dictorum capellani et leprosorum litteratorio destinato, ad hoc specialiter deputatis in hunc modum : pro ut dicti procuratores, dictus subdecanus et Guillelmus, hec omnia confessi sunt coram nobis, scilicet nos subdecanus ecclesie Pictavensis et Guillelmus Barbitonis, civis Pictavensis, arbitri electi a majore et communia Pictavense, ex una parte, et capellano et fratribus domus leprosorum Pictavensis ex altera, super causa seu causis, contentionibus et querelis quam vel quas habebant vel habere poterant predicte partes ratione quarumdam nundinarum, que appellantur nundine leprosorum Pictavensium, inscripta et considerata utilitate partium, dictum nostrum et ordinationem nostram protulimus in hunc modum : quod major et tota communia et bona eorum et familie de pane et vino eorumdem quipti et liberi remanebunt in perpetuum ab omnibus vendis, pedagiis, vigeriis, managiis et *faymedroit* et omnibus aliis serviciis et costumis, et insuper ab omni sanguine et ab omni plaga et ab omnibus aliis redevanciis que debentur dominis terrarum et suis subditis qui non sunt exempti seu privilegiati. Adhuc remanebit predictis majori et communie cognitio et jus sanguinis et plage, et omnium aliorum casuum, salvo tam quod si contingat predictis nundinibus casus mortis seu membri amissione super homine de communia aut familia eorumdem, major et communia tenebunt malefactorem si poterit tradi et bona ipsius, que bona inspecta erunt per leprosos et majorem vel eorum mandatum, et de dictis bonis habebunt dicti major et leprosi quilibet quoddam scriptum, et malefactorem confitentem reddent major et communia predictis leprosis cum catallis pertinentibus malefacto die jovis predictarum nundinarum infra vesperas; adhuc diximus in dicto nostro et ordinatione nostra quod ratione omnium predictorum dicti major et communia assignabunt octo libras annui et perpetui redditus apud Pictavium vel circa, tam prope quam magis prope poterunt infra tres annos medietatem in blado et medietatem in denariis secundum asissiam patrie, et interim dicti major et communia pagabunt dictis leprosis octo libras monete currentis die jovis predictarum nundinarum; et ita diximus dictum nostrum die sabbati post octabas Pasche cum assensu partium; diximus etiam in dicto nostro quod littere fiant super hoc sigillato sigillo domini comitis Pictavensis si consenserit et sigillo capituli Pictavensis et sigilli partium, et ea precepimus predictis partibus firmiter tenenda. Actum die sabbati supradicta, anno Domini millesimo ducentesimo sexagesimo septimo, prout confessi sunt coram nobis subdecanus ecclesie nostre et Guillelmus Barbitonis arbitri et Petrus Alemanni, clericus, et Philippus Poverelli, procuratores predicti, die sabbati ante festum Omnium Sanctorum. Datum dicta die sabbati anno Domini millesimo ducentesimo sexagesimo septimo. Qua die Petrus Alemannus clericus, procurator dictorum majoris et communie et Philippus Poverelli, civis Pictavensis, procurator dictorum capellani et leprosorum, exhibuerunt coram nobis quoddam memoriale sigillo curie nostre sigillatum cujus tenor talis est : Memoriale est quod de omnibus causis, contentionibus et querelis quas habebant et habere poterant major et communia Pictavensis ex una parte, et capellanus et fratres domus leprosorum Pictavensium ex altera, occasione seu ratione nundinarum que appellantur nundine leprosorum Pictavensium, de quibus compromiserant dicte partes coram nobis in venerabilem virum subdecanum ecclesie Pictavensis et Guillelmum Barbitonis, civem Pictavensem, et promiserunt dicte partes fide data in manu nostra attendere, prosequi et servare quicquid per dictos arbitros super premissis infra octabas Pasche dictum factum, ordinatum pace vel judicio esset seu etiam arbitratum de consensu partium prorogatum, prorogatum fuit dictum compromissum coram nobis usque ad dominicam qua cantatur « misericordia Domini » prout dicte partes coram nobis hec omnia et singula confesse fuerunt. Datum die sabbati post Pascha Domini, anno Domini millesimo ducentesimo sexagesimo septimo, et in hujus rei testimonium presentibus litteris sigillum nostrum duximus apponendum.

(*Extrait du XXXVIIe volume des* Mémoires de la Société des Antiquaires de l'Ouest.)

Poitiers. — Typ. de A. Dupré.

IV.

État général de tous les établissements, fondations, revenus de charité, etc., dans la généralité de Poitiers. (Orig. pap., arch. de la Vienne, C. 1, l. 31) (1).

1775-1790.

DIOCÈSE DE POITIERS.

POITIERS. — Hôpital-Général, paroisse de Montierneuf, pour renfermer les mendiants et infirmes. — Lettres patentes de Louis XIV de mai 1675, confirmées par Louis XV en juin 1764, et arrêt du conseil de 1725 qui réunit les aumônes qui se distribuaient dans le ressort. — *Revenu :* 13,720 l., y compris les aumônes réunies. — On compte habituellement 700 pauvres dans cet hôpital, dont la majeure partie consiste en enfants et en infirmes qui ne peuvent travailler. Il y a six sœurs grises qui le gouvernent, et à qui on donne 300 l. de gages ainsi qu'à un aumônier qu'il faut nourrir. Cet hôpital est chargé d'acquitter plusieurs rentes et de faire faire tous les ans pour près de 2,000 l. de réparations à cause de quelques moulins qui lui appartiennent; il est aussi obligé d'avoir des domestiques à qui il donne des gages.

POITIERS. — Hôpital de la Charité, paroisse de Montierneuf, pour traiter les hommes qui sont pauvres. — En 1620 le maire et les échevins de la ville de Poitiers appelèrent de Paris des religieux de l'ordre de Saint-Jean-de-Dieu, sous la règle de Saint-Augustin, pour le gouverner. Cet établissement fut confirmé par lettres de Louis XIV de 1656, enregistrées au parlement de Paris le 22 janvier 1657. — *Revenu :* 3,080 l. et une rente de 34 boisseaux de blé. — Cet hôpital est d'un grand secours pour les habitants de la ville de Poitiers, qui y trouvent toute espèce de soulagements, tant dans l'art de

(1) Cet état, écrit sur grand papier et divisé en dix colonnes, n'ayant pu être reproduit ici sous cette forme, il a été nécessaire de faire quelques changements dans la disposition du texte.

la chirurgie que dans celui de la pharmacie, que les religieux administrent avec beaucoup de succès ; mais ils ne peuvent apporter tous les soulagements qu'ils désireraient, pour le peu de revenus qu'ils ont et la petite quantité de lits qui existent dans cet hôpital, qui ne consiste qu'au nombre de six, lesquels ne suffisent pas, à beaucoup près, pour les pauvres qu'il y a dans cette ville. Il serait bien à désirer qu'on augmentât leurs revenus et que l'on doublât le nombre des lits. Du nombre des six qui y sont il y en a deux et demi qui ont été fondés par des particuliers de cette ville.

Poitiers. — Hôtel-Dieu, paroisse de Notre-Dame-la-Grande, pour recevoir les malades sans secours et les enfants trouvés. — Cet hôtel n'a point de lettres patentes ; mais il subsistait dès 1380 sous la direction des maire et échevins, qui y réunirent leur aumônerie de l'échevinage, affectée spécialement aux enfants trouvés. En 1530 les chapitres et ecclésiastiques offrirent de contribuer pour le soulagement des pauvres, ce qui fut confirmé par arrêt du parlement, et en 1635 le parlement séant à Poitiers ordonna de nouveau cette contribution. En 1652 Louis XIV fit don de 1,000 l. de rente qui se partagent avec les dames hospitalières de Poitiers. Par arrêt du conseil de 1701, les administrateurs ont droit de faire l'adjudication exclusivement de la viande pendant le carême, ce qui a été confirmé par arrêt du conseil en 1720. — *Revenu :* 9,500 l., y compris les aumônes réunies. — Il y a habituellement 150 pauvres malades, 160 enfants trouvés, tant à l'Hôtel-Dieu qu'aux nourrices ; il est obligé, pour soigner ces enfants ainsi que les malades, d'avoir beaucoup de domestiques à gages. Ce sont deux pieuses demoiselles qui gouvernent cet Hôtel-Dieu, qui donnent leurs soins gratuitement. On compte, année commune, que la nourriture des gouvernantes et celle des domestiques est de 2,000 l., et qu'il en coûte pareille somme pour les réparations et pour les fondations qu'il fait acquitter. L'Hôtel-Dieu est chargé de recevoir les soldats qui sont malades, ce qui occasionne des frais, surtout lorsqu'il y a un régiment en garnison en cette ville, parce qu'il faut augmenter le nombre des domestiques.

Poitiers. — Les religieuses hospitalières de la congrégation de Saint-Joseph, paroisse de Saint-Porchaire, pour traiter les femmes et les filles qui sont pauvres. — Ces religieuses vinrent de l'Hôtel-

Dieu de Loches à Poitiers au mois d'octobre 1644, où elles furent installées à l'aumônerie de Notre-Dame de cette ville par lettres patentes de décembre 1655, enregistrées en 1657 au parlement; elles furent transférées dans une maison plus saine pour y soigner les malades. Louis XIV, par lettres patentes de 1652, leur accorda et à l'Hôtel-Dieu de Poitiers une rente de 1,000 l. qu'ils partagent, et en 1680 il leur fit don de 300 l. de rente sur le trésor royal, et en 1732 il a été légué à leur maison une rente de 100 l. — *Revenu :* 6,670 l. — Il y a dans cette communauté trente-trois personnes, tant religieuses qu'associées, pour soigner les malades; elles ont dix-huit lits, dont deux ont été fondés le premier en 1740 et le deuxième en 1775. Elles sont obligées de payer par an pour 868 l. de charges, et dans les 6,670 l. qu'elles ont de revenus il y'a 2,990 l. de rentes viagères pour dix-huit religieuses.

POITIERS. — Hôpital des Incurables, paroisse de Saint-Saturnin, pour traiter les pauvres qui ont des maladies incurables. — Cet hôpital a été fondé par M. le bailly de Choisy, grand prieur d'Aquitaine, sous la protection des commandeurs et chevaliers de Malte. Lettres patentes du mois de février 1738. — *Revenu* : 4,000 l. de rentes constituées à la charge de 247 messes. — Cet hôpital est gouverné par trois sœurs grises, à qui on donne 60 l. de gages. Il y a un aumônier qu'on paie 250 l. par an. On ne reçoit dans cet hôpital que des pauvres qui ont des cancers, écrouelles et humeurs froides, maladies qui ne sont point admises dans les autres hôpitaux. Il y a trente-six lits dans cette maison, dont quatre sont à la nomination royale.

POITIERS. — Petites écoles de charité, paroisses de Saint-Porchaire et Saint-Germain, pour enseigner les garçons. — Lettres patentes accordées par Louis XIV au mois de février 1708, qui approuvent et confirment l'établissement des petites écoles commencées par M. de la Poype, évêque de Poitiers, et arrêt du parlement du 6 août 1709, portant enregistrement desdites lettres. — *Revenu :* 1,080 l. en rentes constituées. — Cet établissement est très-avantageux pour les habitants de Poitiers qui n'ont pas le moyen de faire apprendre à lire à leurs enfants; ils les envoient à ces écoles, où il y a des clercs chargés de les instruire dans la religion et de leur apprendre à lire et à écrire.

Poitiers. — Les Filles-de-la-Sagesse, au faubourg Montbernage, paroisse de Sainte-Radégonde, pour l'instruction des jeunes filles. — Les Filles-de-la-Sagesse, instituées par M. Grignon de Montfort, prêtre missionnaire, et confirmées par lettres patentes du mois de mars 1773, qui ont été enregistrées au parlement et au conseil supérieur de Poitiers les 11 août et 24 décembre 1773, furent appelées par un gentilhomme et une femme de condition pour instruire la jeunesse et soulager les pauvres malades. Ils leur ont procuré un logement. — *Revenu :* elles ont 100 l. de rente que leur donnent les petites écoles, ce qui forme tout leur revenu. — Ces filles sont d'un grand secours pour les pauvres des faubourgs où elles demeurent, qu'elles vont visiter lorsqu'ils sont malades, et elles instruisent leurs petites filles dans la religion et leur apprennent à lire et à écrire.

Poitiers. — Les Filles-de-la-Sagesse, au faubourg de la Cueille-Mirebalaise, paroisse de Saint-Germain, pour l'instruction des jeunes filles.— Ces filles, qui sont de la même institution que celles ci-dessus, ont été appelées par le sieur Le Roux, chanoine de Saint-Pierre-le-Puellier de Poitiers, pour l'instruction des pauvres filles et le soulagement des pauvres malades. — *Revenu :* les petites écoles leur donnent 200 l. par an, ce qui forme tout leur revenu. — Ces filles sont d'un grand secours pour les pauvres des faubourgs où elles demeurent, qu'elles vont visiter lorsqu'ils sont malades, et elles instruisent leurs petites filles dans la religion et leur apprennent à lire et à écrire.

Poitiers. — Aumônerie de Saint-Antoine, paroisse de Sainte-Triaize, pour donner l'hospitalité aux pèlerins et mendiants qui passent par Poitiers. — Cette aumônerie fut fondée au mois de janvier 1363. M. Daillé, chanoine de Saint-Hilaire, fit don d'une maison pour servir de retraite; il y fit construire une chapelle et y joignit une treille qui dépendait de cette maison, estimée 10 l. de revenu, et légua une rente de 80 boisseaux de seigle, 40 boisseaux d'avoine, due à Rouillé (le titre est du 7 octobre 1478); une autre de 16 boisseaux de froment, 2 pots d'huile, 1 boisseau de fèves, un agneau, deux boisseaux de pois verts, deux chapons et 2 l. 12 s., due à Beaumont (le titre est du 4 décembre 1539); une autre rente de 6 l., due sur des jardins qui sont à Poitiers (le titre est du 16 décembre 1586), et une rente de 40 boisseaux de froment et 40 boisseaux de seigle, mesure du Pin, due à Benet, paroisse d'Alonne (le titre est du 24 novembre 1739). — *Revenu* : 236 boisseaux de tous blés : on ne peut estimer combien ils peuvent produire, cette denrée variant chaque année; 40 l. pour la treille, 2 pots d'huile de noix, 1 agneau, 1 boisseau de fèves, 2 boisseaux de pois verts, 2 chapons, 52 s. en argent et 6 l. de rente. — Le chapitre de Saint-Hilaire prétend que l'intention du fondateur était de créer l'aumônerie de Saint-Antoine en titre de bénéfice sacerdotal, et que ce titre ne devait être conféré qu'à un chanoine de ce chapitre, lequel serait obligé de loger les pèlerins et les pauvres qui passeraient par Poitiers et de dire une messe par semaine. La modicité du revenu de cette aumônerie engagea le chapitre à y réunir une semi-prébende. Ce fut en 1422 qu'elle se fit, attendu qu'il ne se présentait personne dans le chapitre (comme ne pouvant être transférée à d'autres) qui voulût se charger de l'administration, à cause de l'affluence des pèlerins qui avait lieu dans ce temps-là. Il rapporte, pour prouver que l'aumônerie était érigée en titre de bénéfice, un arrêt rendu contradictoirement au parlement de Paris en 1569 au profit du titulaire chanoine hebdomadier, qui eut main-levée d'une saisie qu'avait fait faire M. le procureur général dudit parlement des revenus de ladite aumônerie ; mais il ne cite point les raisons qui donnèrent lieu à la saisie, non plus que celles qui donnèrent lieu à la tentative que firent les chevaliers de l'ordre de Mont-Carmel et de Saint-Lazare de Jérusalem, qu'il rapporte également, qui voulaient s'emparer du revenu de ladite aumônerie à la faveur des déclarations de 1672 et 1674 émanées de l'autorité de nos rois, lesquels furent déboutés de leur prétention sur procès au rapport de M. Talon. Depuis qu'il y a eu de nouvelles déclarations qui défendent les pèlerinages, il ne se présente presque plus de personnes à cet hôpital, et lorsqu'on y en reçoit (ce qui arrive rarement), on les oblige à donner un sou et quelquefois six liards par nuit. En supposant que cette aumônerie fût érigée en titre de bénéfice sacerdotal, dès que l'intention du fondateur, qui était que le revenu fût affecté aux soulagements des pèlerins, ne peut plus être remplie d'après les déclarations qui ont été rendues pour empêcher cette espèce de gens de fourmiller dans le royaume, il n'est pas juste qu'un chanoine jouisse de ce revenu. Il serait à désirer qu'il fût réuni à un des hôpitaux de cette ville, pour être employé au soulagement des pauvres, et l'hôpital se chargerait de faire desservir les messes qui ont été fondées.

Chateau-Larcher. — Maison de charité, pour soulager les pauvres du bourg et de celui de Mernay, les médicamenter et leur fournir du linge. — Lettres patentes de Louis XV du mois de mai 1770, enregistrées au parlement de Paris le 11 juin 1771, qui permettent au sieur Decressac, chanoine fondateur de ladite maison, de placer 25,000 l., et d'acquérir une maison pour loger les filles qui sont chargées de la gouverner. — *Revenu :* 400 l. — Cette maison de charité n'étant point encore à sa perfection, son revenu est de peu de chose présentement; ce ne sera qu'à la mort du titulaire du prieuré de Moreau, qui y a été réuni, qu'il sera augmenté d'une rente de 750 l. En attendant, ledit Decressac fournit à l'entretien dudit hôpital et pourvoit aux besoins des malades.

Il y avait anciennement dans cette paroisse une aumône sous la dénomination de la Saint-Nicolas, de 24 setiers moudure valant seigle, qui se distribuait aux pauvres dudit bourg, laquelle a été réunie à l'hôpital général de Poitiers. On ne trouve point de titres de la fondation de cette aumône, à moins qu'ils n'aient été transportés lors de la réunion à l'hôpital de Poitiers. Il serait à désirer que cette aumône fût rendue à sa première institution, surtout à présent qu'il y a une maison de charité et des personnes chargées de l'administration : ce qui serait d'un grand soulagement pour les pauvres de ce bourg et de ceux des environs.

Saint-Benoit. — Il y avait une aumône considérable qui a été réunie à l'hôpital de Poitiers.

Nouaillé. — Il y avait autrefois une distribution de 400 boisseaux de blé, qui se faisait par les religieux bénédictins en faveur des pauvres de ce bourg. Cette aumône a été réunie, par arrêt, à l'hôpital général de Poitiers.

Aslonne. — Les bénédictins, principaux seigneurs décimateurs, donnaient anciennement aux pauvres de cette paroisse 200 boisseaux de blé, dont 100 d'orge, 50 orge et froment, et 50 baillarge. Cette aumône a été réunie à l'hôpital général de Poitiers.

Fontaine-le-Comte. — Le fermier de l'abbaye de Fontaine-le-

Comte est chargé par sa ferme de remettre au curé de cette paroisse 100 l. pour être distribuées aux pauvres qui y demeurent, et cette aumône est volontaire.

Vivonne. — Il y a une aumônerie de 50 l. de rente qui a été portée à l'hôpital de Lusignan.

Lusignan. — Hôpital-Royal, pour traiter les pauvres tant de la ville que des paroisses circonvoisines. — On ne rapporte aucun titre. — *Revenu :* 2,800 l., tant en fondations que rentes constituées. — Il y avait autrefois une aumônerie qui avait été fondée pour loger les pèlerins et les pauvres qui passaient par Lusignan ; mais depuis qu'il s'était passé des obscénités entre différents sexes, on en fit la réunion à l'hôpital de cette ville, qui sert à recevoir les pauvres malades. Lusignan étant un grand passage de troupes, on y admet, de préférence aux pauvres du lieu, les soldats qui sont malades. Le revenu de cet hôpital suffit à peine pour fournir aux dépenses qui sont nécessaires. Il serait très-essentiel qu'il fût augmenté, d'autant plus qu'il est d'une grande utilité pour Lusignan, où les trois quarts des habitants sont très-pauvres, et qu'ils y trouvent des soins qu'ils ne pourraient se procurer s'ils étaient obligés de se soigner. On pourrait y donner, si le roi le jugeait à propos, la rente de 300 l. de la paroisse de Comblé, qui appartenait ci-devant aux jésuites et qui a été réunie à l'économat.

Cellévescaut. — Cette paroisse avait ci-devant 200 l. de la chapelle de Lalié, qui ont été réunies à l'hôpital de Chauvigny.

Menigoute. — Il y a une aumônerie qui a été fondée par les seigneurs des Forges, de 3,000 l. par an. Il serait à désirer qu'on établît un hôpital dans cette paroisse, et que les fonds de cette aumônerie y fussent employés. Les paroisses circonvoisines en retireraient un grand avantage, et on pourrait y faire subsister les pauvres infirmes et les enfants en y établissant une manufacture.

Fompayron. — Il y avait une aumône de 120 boisseaux de seigle, qui ont été réunis à l'hôpital de Poitiers.

Couhé. — Il a été réuni à l'hôpital de Lusignan une aumône qui valait 300 l. de rente ; elle se distribuait aux pauvres de la paroisse.

Saint-Sauvant. — Rente constituée de 130 fr., réunie à l'hôpital de Lusignan.

Saint-Maixent. — Hôpital des filles trouvées ou vieille aumônerie, paroisse Saint-Saturnin, pour la nourriture, entretien et éducation des filles illégitimes jusqu'à l'âge de 14 ans. — Suivant le sentiment commun, cet hôpital a été fondé par la reine Blanche, mère de saint Louis. On n'a jamais vu le titre; on présume que les protestants, lors des guerres, l'ont enlevé. Il y a d'autres titres qui désignent cet établissement sous le nom de vieille aumônerie dès 1271, 1307, 1369, 1386, 1395, 1417, 1438, 1447, 1448. En 1441, Charles VII y nomma un administrateur, et Louis XI en fit autant en 1482. Jeanne Bigaure fit don en 1308 de ses biens immeubles, et Guillemette de la Prévotière testa au mois de novembre 1437 tous ses biens. Il a été rendu un arrêt du 9 mai 1696 sur les édits et déclarations des mois de mars, avril et août 1693, qui ordonna en faveur de cet hôpital la réunion des biens et revenus de plusieurs maladreries de Saint-Maixent, ainsi que de différentes paroisses de l'élection. — *Revenu :* 1,700 l. — Il y a des hospitalières chargées du soin des pauvres et soldats admis dans cet hôpital, qui est on ne peut mieux situé, et où on respire un bon air. Les troupes y sont très-bien traitées ; on y en envoie de préférence de la Rochelle.

Il y a à Saint-Maixent, pendant le carême, une chambre de malades qui vaut 80 à 100 l. Il serait à désirer qu'on la réunît à l'hôpital ; elle augmenterait le revenu et on augmenterait le nombre de lits.

Les charges actuelles de cet hôpital, y compris l'entretien des six filles trouvées, les pensions des dames hospitalières, les honoraires et appointements de l'aumônier et du receveur et les réparations annuelles, sont de 1,430 l. ; le surplus du revenu est employé à nourrir les pauvres, suivant les principes de la fondation.

Saint-Maixent. — Hôpital des femmes appelé hôpital Gogué, paroisse de Saint-Léger, pour recevoir les pauvres étrangers et les femmes malades de la ville. — Le sieur Gogué, procureur du roi du siége royal de Saint-Maixent, donna par testament du 10 mai 1732, entériné avec les héritiers le 10 juin 1737, une grande maison avec ses dépendances et 6,000 l. pour former cet hôpital. — *Revenu :* 570 l. — Cet hôpital a été gouverné jusqu'en 1746 par des dames hospitalières qui le laissèrent; des personnes charitables s'en chargèrent ensuite sous l'inspection des officiers municipaux.

Il fut réuni à celui des filles trouvées, en conséquence de deux arrêts de la cour du parlement de Paris des 12 mai et 28 août 1751, et de lettres patentes du mois de juillet 1757, enregistrées le 28 août 1758, qui ont confirmé la réunion.

SAINT-MAIXENT. — Hôpital des hommes, paroisse de Saint-Saturnin, pour recevoir les hommes malades et étrangers, et élever les enfants mâles qui étaient exposés. — On ignore les titres ; on présume que l'hôpital de Niort les a en sa possession. — *Revenu :* 800 l. — Cet hôpital ne subsiste plus ; le revenu a été réuni à l'hôpital de Niort. Les bénédictins de Saint-Maixent, avant la réunion, en avaient l'administration ; ils continuent de nourrir et entretenir les enfants trouvés.

SAINT-MAIXENT. — Distribution manuelle, paroisse de Saint-Saturnin. — *Revenu :* 1,200 l. — L'abbé de Saint-Maixent faisait distribuer aux pauvres de la ville de Saint-Maixent et des paroisses circonvoisines 22 charges de blé, partie en seigle, partie en baillarge, qu'on peut évaluer à 500 l.

Les religieux bénédictins de l'abbaye faisaient également distribuer trois fois par semaine du blé pour la valeur de 2,400 l. par an. Pendant le carême, ils faisaient donner aux pauvres tous les dimanches, mardis, jeudis et samedis des fèves cuites et trois deniers. On présume qu'ils déboursaient 800 l. pour cette aumône, et ils faisaient distribuer, trois jours avant Noël, trois bœufs gras. On porte cette aumône à 500 l.

Les habitants de Saint-Maixent ignorent les raisons qui engagèrent le conseil à rendre, le 3 janvier 1725, un arrêt qui ordonna la réunion de ces aumônes à l'hôpital de Niort, au préjudice de celui de Saint-Maixent qui existait dans ce temps. Il est vrai que, par l'arrêt de réunion, il lui est enjoint d'y recevoir les pauvres de l'élection de Saint-Maixent, mais ils ne jouissent point de cet avantage, ou du moins il y en a très-peu, par la raison que la majeure partie est hors d'état d'y aller à pied, surtout l'hiver, et qu'ils n'ont pas le moyen de se procurer de cheval. Il est arrivé quelquefois qu'on en a trouvé de morts dans la route, lorsqu'ils ont entrepris d'y aller ; d'un autre côté, il arrive fort souvent que lorsqu'ils vont se présenter à Niort ils n'y sont point reçus, soit qu'il n'y ait pas de place ou qu'il y ait de la mauvaise humeur de la part de celui qui est à la tête de cet hôpital; mais il est de fait qu'il n'y en entre pas douze par an. Messieurs les intendants ont été obligés parfois d'interposer leur autorité pour y en faire entrer. Tous ces motifs parleraient assez pour engager à accorder le retour des aumônes des bénédictins de Saint-Maixent. C'est le cri des habitants, qui le désirent bien sincèrement, d'autant plus qu'ils sont très-pauvres et qu'ils trouveraient, par cette donation manuelle, des secours qu'ils n'ont plus. Mais on pourrait employer avec plus de succès le revenu de ces aumônes; les pauvres y trouveraient un grand avantage, et on remplirait en même temps les vues de Sa Majesté : ce serait d'établir une manufacture dans l'hôpital des filles trouvées, où les pauvres seraient employés à gratter des bas et bonnets, à filer de la laine et à tricoter ; ils y seraient nourris, et, pour exciter leur émulation, on les ferait participer au profit de leur travail. Le produit de la manufacture serait employé à augmenter le nombre des lits, afin d'y recevoir les vieillards et gens infirmes; par ce moyen, on bannirait la mendicité, et on ne verrait plus de bras oisifs comme il y en a présentement.

Pont-de-Vaux. — Aumônerie ou hôpital, paroisse de Brelou, pour recevoir les pauvres. — Le sieur Émery de Maigné, par un testament du 12 juillet 1438, fit don d'une maison et dépendances, et y établit deux lits. — *Revenu* : 200 l. — Par arrêt du 9 mai 1696, rendu sur les édits et déclarations de Louis XIV des mois de mars, avril et août 1693, le revenu fut réuni à l'hôpital de Saint-Maixent; mais cet arrêt est resté sans exécution. On ne sçait pourquoi l'hôpital de Niort jouit de ce revenu.

Chavagné. — Aumônerie, pour le soulagement des pauvres du bourg. — Suivant le testament du sieur Tremont, prieur de Ruffigni, il fit don de 1,000 l. On ignore la date. — *Revenu* : 200 l. — On présume cet objet réuni à l'hôpital de Niort.

Exoudun et Nanteuil. — Maladreries, pour soulager les pauvres de ces deux paroisses. — On ignore les titres; on présume que le sieur abbé Marin, titulaire, les a en sa possession. — *Revenu* : 73 l. — Le sieur abbé Marin, comme titulaire, jouit du revenu de ces maladreries : on ne sait par quel titre il a passé dans les mains ecclésiastiques sous la dénomination de bénéfice simple.

Romans. — Aumônerie, pour soulager les pauvres de la paroisse.

— *Revenu* : 9 boisseaux de froment et 5 l. en argent. — Cette aumônerie avoit été réunie à l'hôpital de Saint-Maixent par arrêt du 9 mars 1696; mais étant resté sans exécution, l'hôpital de Niort jouit du revenu, d'après un arrêt du 3 janvier 1725.

Saint-Christophe-sur-Rocq. — Aumônerie, pour soulager les pauvres de la paroisse. — Testament d'Emery de Maigné du 12 juillet 1438. — *Revenu* : 120 l. et 18 boisseaux de seigle. — Quoique cette aumône ait été réunie à l'hôpital de Saint-Maixent, le sieur Mollier, curé de Saint-Laurent-de-Salles, en bas Poitou, jouit du revenu comme d'un simple bénéfice.

Nanteuil, paroisse de Saint-Easne. — Aumônerie pour les pauvres de la paroisse. — *Revenu* : 400 fr. — Le prieur de Ruffigni prétend que ce n'est point une aumônerie, mais une dépendance de son prieuré; les titulaires seraient à même de justifier du titre de cette fondation, qui est desservie chez les dames bénédictines de Saint-Maixent par le sieur abbé Amussat.

Saint-Gelais. — Aumônerie. — *Revenu* : 200 boisseaux de blé. — Cette aumône est réunie à l'hôpital de Niort; le prieur de Saint-Gelais est chargé de l'acquitter.

Chef-Boutonne et Javarzay. — Maladrerie, pour le soulagement des pauvres. — Les seigneurs de Chef-Boutonne sont les fondateurs; le titre primitif est égaré, mais la maladrerie existe depuis plus de 400 ans. — *Revenu* : 100 l. — Cette fondation a eu lieu jusqu'en 1696, qu'elle fut réunie à l'hôpital de Niort en conséquence d'un arrêt du conseil du 14 janvier 1695.

Pressac. — Aumône de 3 l. à distribuer aux pauvres, fondée par MM. les ducs de Mortemart. — Contrat de constitution de rente au denier 25 sur le clergé, du mois de septembre 1758.

Montmorillon. — Hôpital, paroisse de Saint-Martial, pour recevoir les pauvres. — On ignore les titres de fondation, à cause des différentes révolutions qui ont eu lieu dans le Poitou, tant de la part des Anglais que des guerres civiles. — Les Augustins sont à la tête de cet hôpital. Lorsqu'ils ont été mis en possession de cette maison, il n'y avait que 13 lits pour les pauvres malades et 10 paillasses pour les passants; aujourd'hui ils sont au nombre de 20, qu'ils entretiennent très-bien. Ces religieux prétendent qu'il n'y a point de biens affectés à l'hôpital, qu'ils dépendent de leur communauté; ils en donnent pour raison que tous leurs biens ont été toujours imposés aux décimes et autres subventions ecclésiastiques.

Il y avait ci-devant sept aumônes qui se distribuaient aux pauvres de Montmorillon, dont six en pain et une en cochon ; mais depuis qu'elles ont causé des désordres, le conseil les a commuées, ainsi que le droit d'hospitalité, en une redevance annuelle de 1,075 boisseaux de blé seigle que les Augustins payent à l'hôpital général de Poitiers, en conséquence de la réunion qui lui en fut faite.

Lussac-le-Chateau. — Aumône faite par MM. les ducs de Mortemart pour être distribuée aux pauvres : 48 boisseaux de froment en vertu d'un testament du 5 avril 1684, et une rente constituée de 22 l. 10 s., dont on ignore la date. — Ces aumônes se distribuent tous les lundis de Pentecôte, en présence du curé, du juge et du procureur fiscal.

Plaisance. — Aumône en pain : 544 boisseaux de blé, moitié froment et moitié seigle. — Cette aumône a eu lieu jusqu'en 1732 ; elle avait été assignée par Philippe le Bel, l'un de nos rois dans le XIIIe siècle, sur les moulins situés sur la rivière de Gartempe. Le prieur de Plaisance en jouissait ; il était obligé d'entretenir toute l'année une lampe ardente dans l'église de Notre-Dame, et de faire aumône depuis le premier lundi de carême jusqu'au jeudi saint ; mais en 1732, les moulins ayant été emportés par les eaux, la rente n'eut plus lieu ainsi que l'aumône. Les administrateurs de l'hôpital général de Poitiers, en conséquence de l'arrêt du conseil du 15 avril 1725, firent réunir à l'hôpital cette rente ; mais on croit qu'elle n'est point desservie.

Saulgé. — Il y avait autrefois une aumône en pain que le prieur de Saulgé était chargé de distribuer le jeudi saint de chaque année aux pauvres ; mais elle a été réunie à l'hôpital général de Poitiers en conséquence de l'arrêt du conseil de 1725 ; elle a été réglée à 60 boisseaux de seigle par an.

Latus. — Il y avait ci-devant une aumône qui provenait d'un legs, fait par un seigneur de la paroisse du Bourg-Archambault, d'une moitié de dîme sur quelques villages dudit Bourg-Archambault. Cette aumône se distribuait à la porte de l'église par le prieur de Latus trois fois par semaine dans le carême ; mais elle a été réunie à l'hôpital général de Poitiers en conséquence de l'arrêt du conseil de 1725; elle a été réglée à 51 boisseaux de seigle par an.

Chauvigny. — Hôpital, paroisse de Saint-Just, pour le soulagement des pauvres; établi en vertu d'édit et déclaration du roi du 21 janvier 1695 et de lettres patentes du mois de décembre 1695, enregistrées le 10 juillet. Les revenus de la Megdeleine et des maladreries de Chauvigny et de Morthemer y ont été réunis. — *Revenu* : 1,500 l., y compris plusieurs réunions. — Cet hôpital est d'une grande ressource pour les pauvres de Chauvigny et des environs; on y enseigne les jeunes filles à lire et à écrire. Il arrive fort souvent qu'on y reçoit des soldats, cavaliers ou dragons infirmes qui ont besoin de repos. La réunion du couvent des filles de Saint-François de Chauvigny conviendrait audit hôpital; il n'y a dans cette maison que trois vieilles filles qui sont infirmes, et il leur est défendu d'en recevoir de nouvelles.

Civray, paroisse de Saint-Nicolas. — Il y avait ci-devant à Civray un hôpital sous l'invocation de Saint-Christophe, dont le revenu, qui est de 600 l., a été réuni à celui de Lusignan en conséquence d'un arrêt du conseil du 22 août 1698 et de lettres patentes du mois de décembre de la même année, enregistrées au parlement le 6 juillet 1699, à la charge de recevoir deux pauvres infirmes de Civray munis de bons certificats; mais cette obligation n'est point remplie.

Il serait intéressant qu'il y eût à Civray un hôpital, par la raison que c'est un lieu de passage de troupes, et qu'il arrive assez souvent qu'il reste des soldats malades qu'on est obligé de mettre chez l'habitant; d'un autre côté, cette ville est peuplée de pauvres gens qui n'ont pas le moyen de se faire traiter.

Civray. — Aumônerie, paroisse de Saint-Nicolas. — Elle a été réunie à l'hôpital de Lusignan; son revenu est de 50 l.

Civray. — Confrérie de dames charitables, paroisse de Saint-Nicolas. — Le revenu de cette confrérie ne consiste qu'en quêtes qu'on emploie au soulagement des pauvres.

Il y a aussi une rente de 100 l. qui n'est employée que dans les temps les plus calamiteux au soulagement des pauvres; elle est payée par la fabrique de Saint-Nicolas. Cette rente n'est point d'obligation.

Charroux, paroisse de Saint-Sulpice. — Il y avait ci-devant un hôpital dont le revenu a été réuni à l'hôpital général de Poitiers. On ignore quel en est le produit.

Il y avait aussi une aumône faite par les abbé et religieux de Charroux, qui a été réunie à l'hôpital général de Poitiers : elle consiste en 159 boisseaux de froment et 318 boisseaux de seigle.

Il y a une confrérie de dames charitables dont le revenu ne consiste qu'en quêtes qu'on emploie au soulagement des malades.

VOULÊME. — Aumône de 20 boisseaux de froment, distribuée par le prieur de Voulême, qui en est chargé, à la porte de l'église le jour du patron.

GENOUILLÉ. — Aumône de 7 boisseaux de seigle, distribuée à la porte de l'église le lundi de la Pentecôte par le seigneur du fief des Gaignard.

CHATELLERAULT. — Hôpital général, paroisse de Châteauneuf, pour le soulagement des pauvres et infirmes de l'un et de l'autre sexe. — Lettres patentes dûment enregistrées, de 1684. — *Revenu* : 2,200 l. — Cet hôpital a été formé des revenus d'un ancien hôtel de ville, d'une aumône qui se distribuait ci-devant à l'une des églises de la ville, des revenus du consistoire des religionnaires et de quelques réunions et acquisitions. Il règne beaucoup d'ordre dans cet hôpital ; il y a pour l'ordinaire 35 à 40 pauvres, et presque toujours des soldats.

ANTOGNÉ. — Fondation pour faire apprendre un métier à quatre garçons et marier quatre pauvres filles. — Testament du sieur Bordier-Desperrières, du 25 août 1709. — *Revenu* : 800 l. de rente à prendre sur les biens du testateur. — MM. de la sénéchaussée de Châtellerault, ainsi que le maire de la ville, sont chargés de l'administration, mais les abus qui se sont glissés depuis longtemps feraient désirer qu'on en fît la réunion à l'hôpital général.

COMMANDERIE DE LA FOUCAUDIÈRE, ordre de Saint-Antoine, paroisse de Saint-Sauveur. — Hospitalité aux pèlerins étrangers. — *Revenu* : de 5 à 6,000 l. — Comme l'objet de la fondation n'est établi que pour secourir des gens qu'on veut empêcher de circuler dans le royaume, on pourrait faire un meilleur usage du revenu en faisant passer dans un couvent de chanoines réguliers les deux religieux que cette commanderie entretient, et en réunissant le revenu à l'hôpital général de Châtellerault ; il serait en mesure d'entretenir cent pauvres de plus.

VAUX. — Aumône de 250 boisseaux de seigle. — On en ignore les titres. — Cette aumône a été réunie à l'hôpital général de Poitiers en vertu de l'arrêt du conseil du 23 janvier 1725.

PARTHENAY. — Hôtel-Dieu, paroisse de Sainte-Croix, pour nourrir et traiter les pauvres malades. — Lettres patentes du mois de mars 1687 enregistrées au parlement le 29 août suivant, portant réunion de plusieurs aumôneries situées à Parthenay. — *Revenu* : 4,100 l., y compris les réunions. — Il y a 34 lits qui sont toujours remplis, et quelquefois on est obligé de les doubler, par la grande quantité de pauvres malades qui ne sont pas en état de se faire traiter chez eux. Ce sont trois filles de l'ordre de Saint-Thomas-de-Villeneuve qui gouvernent les pauvres, et plusieurs domestiques pour le service de la maison. Les gages de ces domestiques, ainsi que ceux de l'aumônier et du receveur, et le payement d'une rente viagère sont de 710 l. par an. Il y a beaucoup de réparations à faire faire sur les domaines.

PARTHENAY-LE-VIEUX. — Aumône en pain appelée le quart de 80 septiers de blé de seigle, qui était ci-devant distribuée aux pauvres. — *Revenu* : 660 l., année commune. — Suivant l'arrêt du conseil du 18 mars 1693 et les lettres patentes de 1687, cette aumône devrait être réunie à l'hôpital de Parthenay ; mais c'est celui de Poitiers qui en perçoit le montant.

THÉNEZAY. — Aumône de 96 l., année commune, à distribuer aux pauvres. — Aveux faits par le propriétaire des grandes dîmes de Thénezay, par lesquels il reconnaît devoir tous les ans huit septiers de seigle pour les pauvres de la paroisse.

CHATEAU-BOURDIN, paroisse de Saint-Pardoux. — Hôtel-Dieu établi pour recevoir des lépreux. — Arrêt du conseil du 23 janvier 1695 et lettres patentes en conséquence, du mois de décembre même année. — *Revenu* : 860 l. — Cet hôpital est chargé de recevoir les malades des paroisses de Saint-Pardoux, Alonne et Chandenier. Les gages de l'aumônier et domestiques peuvent être de 200 à 250 l. par an.

THOUARS. — Hôtel-Dieu et maison de la Providence pour les malades. — Lettres patentes de 1652, enregistrées en la chancellerie de France le 8 juin, et au parlement le 11 février 1753. — *Revenu* : 2,600 l. — Il y a deux filles de Saint-Thomas qui gouvernent l'Hôtel-Dieu. La maison de la Providence, qui est annexée audit Hôtel-Dieu, est également gouvernée par deux sœurs du même ordre. Il y a pour l'ordinaire neuf vieilles femmes et dix-huit petites filles orphelines qui y sont nourries et entretenues.

OIRON. — Hôpital pour le soulagement des pauvres. — Lettres patentes du roi. — *Revenu* : 3,000 l. — Cette fondation a été faite par Mme de Montespan pour 40 vieillards qui sont obligés, chacun à leur tour, d'adorer le Saint-Sacrement nuit et jour; on y reçoit en outre plus de 60 pauvres infirmes et orphelins. Il y a 4 sœurs grises qui ont la direction de cet hôpital.

SAINT-JOUIN-DE-MARNES. — Aumône quotidienne de 100 septiers de blé à distribuer aux pauvres. Cette aumône a été fondée par le cardinal Gondy, abbé de Saint-Jouin, laquelle était prélevée sur la mense abbatiale. Le fermier remet 100 septiers de blé aux religieux, qui sont chargés d'en faire la distribution en pain, trois fois la semaine, à tous les pauvres qui se présentent.

DIOCÈSE DE LA ROCHELLE.

FONTENAY-LE-COMTE. — Hôpital général appelé Saint-Louis, pour recevoir les pauvres de l'un et l'autre sexe et vieillards infirmes. — Le premier établissement de cet hôpital a été formé par les soins charitables de dames pieuses et doté des libéralités des citoyens. Il fut érigé en hôpital général par lettres patentes du mois de septembre 1684. Les établissements, les temples et les cimetières des protestants y furent réunis par déclaration du roi du 15 janvier 1683; les aumônes et maladreries de l'ordre de Saint-Lazare y furent également réunies par arrêt du conseil du 21 janvier 1695 et lettres patentes de 1696. Les aumônes dues par les évêchés, abbayes, prieurés et commanderies le furent aussi par arrêt du conseil du 23 janvier 1725; il y a beaucoup d'abbés et de prieurs qui se sont soustraits à cet arrêt. — *Revenu* : 8,862 l., y compris les libéralités des citoyens, les aumônes sous quelque dénomination que ce soit et les rentes foncières. — Cet hôpital est gouverné par huit sœurs grises : il y a, année commune, 200 pauvres. La cherté des blés a considérablement dérangé cette maison ; on lui avait remboursé une rente de 5,300 l. au principal ; il n'a pas été possible de la replacer : il a fallu en acheter du blé pour faire subsister les pauvres qui ont été en grand nombre depuis cinq ans. Les lits où ils couchent auraient besoin d'être réparés, mais il n'y a point de fonds pour pouvoir le faire.

FONTENAY-LE-COMTE. — Hôtel-Dieu ou hôpital des malades, pour soigner, gouverner, traiter et médicamenter les malades de la ville et faubourgs de Fontenay. — Cet hôpital a été bâti des charités des habitants et par eux doté. Des lettres patentes du mois d'août 1733 ont confirmé cet établissement. — *Revenu* : 3,000 l. tant en biens-fonds que rentes constituées. — Cet hôpital a beaucoup souffert de l'inondation de 1770 ; les bâtiments sont prêts à tomber, et il ne se trouve point en état de les faire rétablir. Il est cependant d'un grand secours pour les pauvres de Fontenay, tant par son exposition qui est très-bonne que par les bons traitements qu'ils y reçoivent. Les régiments qui ont été de tout temps en garnison à la Rochelle, ainsi que la marine qui est à Rochefort, en ont toujours été bien satisfaits, et ils ne cessent d'y envoyer des soldats de préférence aux autres hôpitaux. Il serait donc essentiel qu'on en prévînt la ruine, en lui accordant une somme pour faire réparer ses bâtiments.

FONTENAY-LE-COMTE. — Confrérie de la Miséricorde ou Marmite des pauvres, pour fournir du bouillon, de la soupe et autres besoins aux pauvres des trois paroisses de Fontenay. — Cette confrérie a été établie dès 1643 par bulle du pape Urbain VIII pour soulager les pauvres malades qui ne veulent point aller aux hôpitaux. Plusieurs personnes y ont beaucoup donné, entre autres demoiselle Brisson, qui a donné 20,080 l., dont 14,080 l. pour l'entretien de la marmite, 6,000 l. pour aider de pauvres écoliers à se faire prêtres. Toutes ces sommes sont placées sur le clergé et sur des particuliers. — *Revenu* : 1,159 l. de rentes constituées. — Cet établissement est très-avantageux pour les pauvres de Fontenay, surtout pour ceux qui sont honteux, qui ne veulent pas être connus, et qui ont de la répugnance pour l'hôpital. Il y a pour cet effet une chambre qu'on loue, et une servante qui est gagée pour faire deux fois par semaine du bouillon qu'on fait porter aux malades ; on leur donne en outre, suivant leurs besoins, du bois et de l'argent. Cette distribution se fait sous la direction du doyen de Notre-Dame et de plusieurs personnes de considération qui font, à tour de rôle, leur visite chaque mois chez les pauvres malades.

Foussay. — Aumônerie. — *Revenu* : 150 boisseaux de seigle. — Réunie à l'hôpital de Fontenay.

Changillon. — Aumônerie. — *Revenu* : 175 boisseaux de froment. — Réunie à l'hôpital de Fontenay.

Les Moutiers. — Aumônerie. — *Revenu* : 113 boisseaux de méture. — Réunie à l'hôpital de Fontenay.

Prieuré de la Haye. — Aumônerie. — *Revenu* : 170 boisseaux de seigle. — Réunie à l'hôpital de Fontenay.

Auzay. — Distribution de trois pains de fournage, tous les dimanches matin, au four banal du prieur, seigneur d'Auzai, aux habitants de la paroisse. — Il y a dans cette paroisse deux bénéfices assez considérables, l'un appelé l'abbaye et l'autre le prieuré. Le prieur a le titre de seigneur de la paroisse. On assure qu'anciennement il faisait distribuer tous les dimanches matin à son four banal, aux pauvres de la paroisse, trois pains de fournage ; cette distribution n'a plus lieu depuis plusieurs années. On ne sait point si elle était de pure charité, ou si elle était d'obligation.

Bourneau. — Distribution manuelle aux pauvres de la paroisse. — Il y a dans cette paroisse un prieuré appelé Lavaudieu, réuni au chapitre de la Rochelle. Ce prieuré a été fondé par les seigneurs barons du Petit-Château. Il paraît par un dénombrement de cette baronnie, rendu au roi le 11 août 1648, que ledit prieuré n'a été fondé qu'à la charge, par les moines de l'Absie, de donner l'aumône trois fois par semaine, à la manière et valeur accoutumée portée par le dénombrement. — Cette aumône n'a plus lieu, on ne sait pourquoi ; il ne paraît pas qu'elle ait été réunie à un hôpital.

Collonges-les-Royaux. — Établissement de charité pour les pauvres de la paroisse — *Revenu* : une maison et un jardin du revenu de 24 l. — Il y a une petite maison et un jardin ; tous les dimanches on quête dans l'église ; il se fait quelques aumônes en blés et linges : le tout est employé à soulager les pauvres de la paroisse par cinq à six personnes pieuses qui en prennent le soin.

Collonges-les-Royaux. — Cimetière des religionnaires. — Déclaration du roi du 15 janvier 1683. — *Revenu :* 10 l. — Réuni à l'hôpital de Fontenay.

Damp-Vix. — Aumône. — Les bénédictins de Saint-Maixent sont prieurs et seigneurs de cette paroisse ; ils étaient obligés à des aumônes qui ont été converties en blé. On ignore pourquoi elle a été réunie à l'hôpital de Niort, tandis qu'elle devait l'être à celui de Fontenay, suivant l'arrêt du conseil du 23 janvier 1725.

Lhermenault. — Maison de la Providence ou de charité, pour visiter les pauvres malades de la paroisse et instruire les filles. — Cette maison a été établie par un ancien évêque de la Rochelle. — Il y a trois sœurs grises pour avoir soin des malades de la paroisse ; elles instruisent les enfants ; elles n'ont qu'une maison et un petit jardin ; elles ne vivent que par les charités de Mgr l'évêque et de quelques particuliers aisés, ainsi que par des petites pensionnaires qu'elles prennent.

Lorbrie. — Distribution annuelle de 25 à 30 boisseaux de gros blés. — Les dames religieuses de l'Union-Chrétienne de Fontenay, qui ont dans la paroisse de Lorbrie une maison seigneuriale appelée la Vieille-Borde, font distribuer presque tous les ans 25 à 30 boisseaux de gros blés aux pauvres de ladite paroisse ; il arrive aussi que ce n'est que tous les deux ans que la distribuion s'en fait, ce qui fait croire que c'est une aumône volontaire.

Maillezais. — Aumônes et distribution de pain. — La première fondation peut venir des ducs d'Aquitaine, qui avaient fondé l'abbaye de Maillezais. — *Revenu :* 28 boisseaux de blé méture. — Cette aumône a été réunie à l'hôpital général de Fontenay par arrêt du 23 janvier 1725. Elle fait son principal revenu.

Maillezais. — Logements et nourriture. — Cet établissemeut était pour les pèlerins et voyageurs qui venaient en dévotion à Maillezais et pour les affaires que le siége épiscopal qui y était anciennement y attirait. — *Revenu :* 14 boisseaux de méture. — Cette aumône était à la charge de l'aumônier de Maillezais. Lorsque le siége épiscopal fut transféré à la Rochelle, les pèlerinages cessèrent et l'obligation fut convertie en une distribution de pain aux habitants de ce bourg. Cette aumône a été réunie à l'hôpital général de la Rochelle par lettres patentes du mois de septembre 1676 et par décret de Mgr l'évêque de la Rochelle du 17 août 1680. Elle a été convertie en 14 boisseaux de méture, à la charge qu'il sera reçu à cet hôpital six pauvres de Maillezais, qui seront présentés par l'aumônier. Il est à présumer que la translation de l'évêché de Maillezais à la Rochelle a donné lieu à la réunion de cette aumône à l'hôpital de la Rochelle, au préjudice de celui de Fontenay.

ABBAYE DE NIEUIL, paroisse de Nieuil-sur-l'Autise. — Aumône de 150 boisseaux de blé méture. — Elle a été réunie à l'hôpital de Fontenay par arrêt du conseil du 23 janvier 1725.

NIEUIL-SUR-L'AUTISE. — Aumône de 40 boisseaux de baillarge pour être distribuée aux pauvres de la paroisse. — Testament du sieur Bernery du 26 mars 1736.

NIEUIL-SUR-L'AUTISE. — Autre aumône de 20 boisseaux de baillarge pour être distribuée aux pauvres de la paroisse, léguée par testament. — Ces deux aumônes peuvent produire 90 à 100 l. par an.

NOTRE-DAME-DE-COUSSAY. — Aumône consistant en l'habillement de sept pauvres enfants de la paroisse. — Testament de dame Susanne Dargouges, veuve de M. le marquis de Creuil, conseiller d'Etat, du 15 avril 1733. — *Revenu* : 115 l. à prendre sur la terre et seigneurie dudit lieu.

PETOSSE. — Aumône de 12 boisseaux d'orge pour être distribuée aux pauvres. — Donation par les baillis.

PISSOT. — Aumônerie consistant en un domaine appelé la Tampond, qui a été réuni à l'hôpital général de Fontenay par arrêt du conseil du 21 janvier 1695 et lettres patentes de novembre 1696.

SAINT-ÉTIENNE-DES-LOGES. — Distribution de pain. — Donation d'un seigneur de la Tour de Sauvaire. — *Revenu* : 4 boisseaux de baillarge. — Cette distribution se fait indistinctement à toute la paroisse ; elle est assignée sur un champ appelé l'Aumône. Le propriétaire de ce champ est obligé de convertir en pain les 4 boisseaux de baillarge à la première réquisition du curé.

SAINT-HILAIRE-SUR-L'AUTISE. — Aumônerie et cimetière des religionnaires. — *Revenu* : 60 l. — L'aumônerie consiste en terres et prés qui ont été réunis à l'hôpital général de Fontenay par arrêt du conseil du 21 janvier 1695 et lettres patentes de novembre 1696, et le cimetière l'a été en conséquence de la déclaration du roi du 15 janvier 1683.

Saint-Maxire. — Aumône à distribuer aux pauvres les plus indigents par le curé de la paroisse. — Testament d'un nommé Giraud de 1677. — *Revenu* : 20 boisseaux d'orge.

Saint-Maixent-de-Brugné. — Maison de la Providence ou de charité pour soulager les pauvres malades et pour l'instruction des enfants. — Ce sont des filles de la Sagesse qui sont à la tête de cette maison. Leur revenu consiste en la maison qu'elles habitent et un petit jardin qui en dépend. Elles vivent de leur travail et des pensionnaires qu'elles prennent ; les charités que le seigneur de la paroisse leur donne, ainsi que les secours que le curé leur procure, les mettent à même de faire beaucoup de bien. M. l'intendant leur fait passer des remèdes et du riz dont elles font un bon usage.

Saint-Pompain. — Aumônerie. — Cette aumônerie consiste en plusieurs pièces de terre qui ont été réunies à l'hôpital général de Fontenay en conséquence de l'arrêt du conseil du 21 janvier 1695 et lettres patentes de 1696.

La Chataigneraye. — Aumône d'une maison pour recevoir les malades. — *Date de la fondation :* 18 mai 1696. — Cette maison avait été donnée pour y mettre les malades de la ville, et on y avait ci-devant placé des lits ; mais cette pieuse coutume n'a plus lieu ; la maison est habitée par de pauvres artisans.

La Chataigneraye. — Aumône à distribuer aux pauvres. — Legs d'une rente de 9 l., en date du 14 juin 1740. — On ignore si cette aumône et les trois suivantes ont été réunies à un hôpital ou si elles se distribuent à la Châtaigneraye.

La Chataigneraye. — Aumône à distribuer aux pauvres. — Legs d'une rente de 20 l., en date du 14 juillet 1656.

La Chataigneraye. — Aumône à distribuer aux pauvres. — Legs de trois boisseaux de blé seigle, en date du 22 décembre 1763.

La Chataigneraye. — Aumône à distribuer aux pauvres. — Legs d'une rente de 20 l., en date du 7 novembre 1767.

Le Buceau. — Aumône de 52 boisseaux de seigle par an. — Cette aumône est réunie à l'hôpital de Fontenay.

Vouvant. — Hôpital. — *Revenu* : 150 l. — Cet hôpital ne subsiste plus, et les 150 l. de revenu ont été réunis à l'hôpital de Fontenay ; en conséquence, les pauvres de Vouvant y sont reçus.

SAINT-JOUIN. — Hôpital pour les pauvres de la duché de Châtillon. — Lettres patentes obtenues par feu M. le duc de Châtillon. On ignore précisément la date, mais on présume qu'elles sont de 1740 ou 1742. — *Revenu* : 3,000 l. — Quoique le revenu de cet hôpital soit porté à 3,000 l., il pourrait en valoir quatre, si l'administration en était bien faite; mais le procureur fiscal est administrateur et receveur perpétuel; il donne les baux à sa guise, sans les mettre à l'enchère pour en faire une adjudication en forme, de façon que les pauvres en sont la dupe. Cet hôpital pourrait servir de retraite aux vieillards infirmes; il y aurait de quoi en loger 40 ou 50 ; on pourrait y réunir quelques bénéfices pour en augmenter le revenu.

BRESSUIRE. — Hôpital pour les pauvres. — Lettres patentes de décembre 1698, enregistrées au parlement le 14 août 1699. — *Revenu* : 2,400 l. — Le revenu de cet hôpital suffit à peine pour entretenir 20 lits, continuellement remplis par les pauvres de la ville, qui y sont en très-grand nombre.

LA CHAPELLE-SEGUIN. — L'abbaye royale de l'Absie percevait annuellement une rente de 60 charges de blé sur la terre de la Joblière, appartenant à Mme la marquise de Monmirail, et 40 charges sur le château et seigneurie de la Forêt-sur-Sèvre, qui étaient distribuées certains jours de l'année à tous les pauvres des paroisses circonvoisines par les religieux de cette abbaye; mais depuis qu'on a détruit ces religieux, et que le revenu a été réuni au chapitre de la Rochelle, cette distribution n'a plus lieu.

OIRVAULT. — Aumône. — L'abbaye faisait distribuer annuellement 86 setiers de blé méture et 33 l. 13 s. 4 d. en argent; cette aumône a été réunie à l'hôpital général de Poitiers par arrêt du conseil du 23 janvier 1725.

SAINL-LOUP. — Hôpital pour les malades de la paroisse. — Testament de feu M. le duc de la Bouessière, seigneur de Saint-Loup, du 15 décembre 1710, et lettres patentes qui permettent l'établissement, du mois de septembre 1725, enregistrées au parlement le 23 mars 1728. — *Revenu* : 600 l. — Le grand nombre de pauvres qui existe dans ce bourg engagea M. de la Bouessière à fonder un hôpital pour leur soulagement; en conséquence, il légua une somme pour les revenus qui fut placée sur l'Hôtel-de-Ville de Paris, laquelle produit 462 l. de rente; il y en a 188 qui proviennent de quelques pièces de terre. Cet hôpital est gouverné par deux sœurs grises ou de la Sagesse.

Louin. — Aumône en vertu d'un testament du 7 septembre 1662. — *Revenu* : 100 l. — Le prieur de Louin légua en 1662 aux pauvres dudit lieu dix septiers de blé pour leur être distribués de mois en mois. Cette aumône a été réunie à l'hôpital général de Poitiers en conséquence d'un arrêt du conseil du mois de janvier 1725, et, par un arrangement entre MM. les administrateurs de cet hôpital et celui qui est chargé d'acquitter cette aumône, il doit leur donner 100 l. de rente par an.

Argenton-Chateau. — Hôpital, paroisse de Saint-Gilles, pour soulager les pauvres d'Argenton et de plusieurs paroisses circonvoisines. — Arrêt du conseil du 18 décembre 1693, qui permet au comte de Châtillon de placer un fonds de 7,000 l. pour fonder un hôpital, auquel on a réuni le revenu d'une aumônerie qui exista à Argenton; lettres patentes du mois de juin 1698, qui confirment cet établissement. — *Revenu* : 2,100 fr., y compris les réunions. — Cet hôpital est gouverné par des filles de Saint-Thomas, dans lequel il y a treize lits pour les pauvres de l'un et de l'autre sexe.

Saint-Clémentin. — Aumônerie. — Le revenu de cette aumônerie a été réuni à l'hôpital d'Argenton-Château par arrêt du 21 janvier 1695.

Le prieur de Saint-Clémentin est chargé d'une redevance en grains par aumône qu'il paye à l'hôpital général de Poitiers.

Mortagne. — Aumônerie. — Par arrêt du 28 juin 1697, l'aumônerie de Mortagne fut réunie à l'hôpital d'Argenton-Château.

DIOCÈSE DE LUÇON.

Luçon. — Hôpital pour renfermer les mendiants et vagabonds. — Lettres patentes d'établissement du mois de janvier 1679, en exécution de la déclaration du roi du mois de juin 1662; arrêt du conseil du 21 janvier 1695, qui réunit audit hôpital les aumôneries de Mareuil, la Chèze-le-Vicomte et Saint-Hermine. — *Revenu :* 3,000 l., déduction des charges foncières. — Cet hôpital sert actuellement pour les pauvres infirmes de la ville et banlieue. Il y a vingt-deux lits pour eux; on y entretient 48 enfants orphelins de l'un et de l'autre sexe; il y a huit sœurs de Saint-Vincent qui le gouvernent et plusieurs domestiques. Sans les charités il ne pourrait pas subvenir à la dépense annuelle.

La Couture. — Confrérie de charité pour soulager les infirmes. — Les titres de la fondation sont les contrats des rentes qui y ont é[illegible] données; on en ignore les dates. — *Revenu :* 113 l. 12 s. 6. d. — Cette confrérie est administrée par le curé, un procureur de charité et quelques personnes honnêtes.

Mareuil. — Confrérie de charité pour soulager les infirmes. — Point d'autres titres de fondation que la piété et charité des fidèles. Il n'y a point de revenu fixe : tout consiste en charités manuelles. — Il y avait anciennement une aumônerie dont le revenu a été réuni à l'hôpital de Luçon par arrêt du conseil du 21 janvier 1695; le revenu consiste en une métairie de la valeur de 300 l., et en une rente de 24 boisseaux de seigle, due par le seigneur de Bredurière, de la valeur de 100 l.

Rosnay. — Confrérie de charité. — On ne connaît aucun titre d'établissement. Cette association est très-ancienne. — *Revenu :* 105 l. — On n'a représenté aucuns titres, ceux-ci étant entre les mains de procureurs pour faire rendre des titres nouvels des rentes. La paroisse est très-grande et a beaucoup de pauvres.

Saint-Michel-en-Lherm. — Les bénédictins de Saint-Michel payent annuellement à l'hôpital de Fontenay six tonneaux de gros bleds.

La Bretonnière. — Confrérie de charité. — Le titre de fondation est entre les mains du curé, qui a refusé de le communiquer. — *Revenu :* 60 l. — Cette confrérie est administrée par le curé, un procureur et quelques personnes charitables.

Les Sables. — Hôtel-Dieu de Saint-Joseph, paroisse de Notre-Dame, pour le traitement des pauvres malades de la ville. — Ce fut du consentement de Mgr l'évêque de Luçon qu'il fut fondé le 27 octobre 1647 par les charités de quelques habitants; les lettres patentes qui confirment cet établissement ont été enregistrées au parlement le 28 janvier 1728. —*Revenu* : 2,443 l., y compris 600 l. que le roi donne pour la nourriture et l'entretien de quatre sœurs grises. — Le besoin des pauvres exige qu'il y ait à l'Hôtel-Dieu six sœurs, de façon qu'il y en a deux qui sont à sa charge. Il y a vingt lits de malades. Cet Hôtel-Dieu serait susceptible d'augmentation, et on pourrait l'ériger en hôpital général; on pourrait y recevoir les pauvres orphelins, les pauvres valides et invalides, ainsi que les mendiants; mais pour cela, il faudrait qu'on y réunît les abbayes de Saint-Jean-d'Orbestier, de Bricollaud (1), de Breuilherbault et celle de Talmont, ainsi que le prieuré de Saint-Nicolas de la Chaume, etc.; du revenu on achèterait des emplacements afin d'augmenter les bâtiments, et on y établirait des manufactures. Tous les pauvres de l'élection des Sables y seraient reçus, et on y bannirait la mendicité. Il faudrait beaucoup plus de sœurs, ainsi que des domestiques.

Les Sables. — Confrérie des pauvres malades, paroisse de Notre-Dame. — Distribution de soupe, bouillon, une demi-livre de viande et trois quarterons de pain tous les jours aux pauvres malades qui ne sont pas dans le cas d'aller à l'Hôtel-Dieu. — Bref du pape Innocent XII, du 18 décembre 1693; permission et autorisation de Mgr l'évêque de Luçon, du 15 juillet 1696. — *Revenu* : 263 l. en différentes petites rentes que quelques particuliers ont données. — Cet établissement est d'un très-grand soulagement pour les pauvres, ainsi que pour des femmes en couche, des veuves mères de famille qui, ayant plusieurs enfants, ne peuvent les quitter et laisser leur maison à l'abandon pour aller à l'Hôtel-Dieu; aussi la confrérie de charité leur fournit, quand elles sont malades, non-seulement de quoi les nourrir, mais encore du bois et du linge, et les sœurs de l'Hôtel-Dieu leur administrent les remèdes dont elles ont besoin, d'après les ordres d'un médecin; les pauvres vieillards infirmes ont part à cette charité autant qu'elle a de quoi, car le nombre des malades est de plus de 40 par jour.

Notre-Dame-d'Olonne. — Un bénéfice nommé l'aumônerie, où

(1) Probablement Bois-Grolland.

il y a une grange qui était destinée à loger les mendiants passants, et où on leur fournissait de la paille pour les coucher; mais depuis qu'on arrête ces sortes de gens, il n'y en va plus, et il en résulte un grand bien, parce qu'ils mettaient tout le bourg à contribution.

ABBAYE DE JARD. — Elle donne 136 boisseaux de méture à l'hôpital de Fontenay.

ABBAYE D'ANGLES. — Elle donne également à l'hôpital de Fontenay 50 boisseaux de méture.

MONTAIGU. — Maison de l'aumônerie ou hôpital, paroisse de Saint-Jacques. — Cette maison fut fondée en 1174 par les seigneurs de Montaigu, sous la dénomination d'aumônerie, pour y recevoir les pauvres malades du lieu et les pèlerins; elle fut érigée en hôpital par lettres patentes du mois de février 1696. — *Revenu* : 1,720 l. tant en rentes foncières que constituées. — Cet hôpital est d'une grande utilité pour les pauvres de la ville et de la campagne, ainsi que pour les troupes, la ville de Montaigu étant située sur une grande route de passage, qui communique à Nantes, à la Rochelle et à Poitiers. Il n'y a que quatorze lits, qui sont presque toujours occupés par les soldats. Il arrive très-souvent qu'on est obligé de faire sortir les pauvres pour leur céder la place; il serait à souhaiter qu'on augmentât le nombre des lits ainsi que les bâtiments. On pourrait y employer le revenu des octrois qui se perçoivent dans la ville de Montaigu, dont les habitants ignorent la destination, et le surplus du revenu pourrait être employé à y former un atelier. Il y a cinq sœurs qui sont à la tête de cet hôpital et un aumônier à qui on donne 150 l. par an et la nourriture, et plusieurs domestiques pour les malades. Si cet hôpital n'était pas bien administré, il est certain, vu son peu de revenu, qu'il ne pourrait subsister.

MONTAIGU. — Confrérie de charité, paroisse de Saint-Jean, pour soulager les pauvres de la paroisse, en vertu de plusieurs testaments des 20 février 1704, 16 juillet 1729, 7 mars 1732 et 11 août 1742. — *Revenu* : 56 l. 10 s. — On fait tous les dimanches et fêtes dans l'église, et une fois chaque année dans les maisons des particuliers, la quête, qui peut produire 60 l.; sur cette somme il faut prélever 18 l. pour acquitter les charges de la fondation; le surplus du produit est distribué entre tous les pauvres de la ville.

SAINT-HILAIRE-DE-LOULAY. — Confrérie de charité, pour soulager les pauvres de la paroisse. — *Revenu* : 171 l. — On ne connaît point de titre.

LA BOISSIÈRE. — Confrérie de charité, pour soulager les pauvres de la paroisse. — *Revenu* : 26 boisseaux de seigle. — On ne connaît point de titre.

LES BROUZILS. — Confrérie de charité, pour soulager les pauvres de la paroisse. — *Revenu* : 6 boisseaux de seigle. — On fait dans l'église la quête, qui peut donner 30 l. par an.

LA RABATELIÈRE. — Confrérie de charité, pour soulager les pauvres de la paroisse. — *Revenu* : 38 l. en rentes constituées des années 1764 et 1772. — On déduit sur les 38 l. les taxes royales.

SAINT-PHILBERT-DE-BOUAINE. — Confrérie de charité, pour soulager les pauvres de la paroisse. — *Revenu* : 17 l. 10 s. — On fait une quête tous les dimanches et fêtes dans l'église, qui peut produire 50 l. par an.

LA GUYONNIÈRE. — Confrérie de charité, pour soulager les pauvres de la paroisse; dotée de deux rentes constituées et d'une maison par actes du 4 mai 1727 et du 9 juillet 1752. — *Revenu* : 63 l. — Il y a à déduire 14 l. pour l'acquit des fondations, lesquelles peuvent valoir 24 l.

TREIZE-SEPTIERS. — Confrérie de charité, pour soulager les pauvres de la paroisse, en vertu d'un testament du 25 avril 1773. — *Revenu* : 40 l. — On est dans l'usage de faire chaque année une quête dans la paroisse, qui peut produire 12 l.

SAINT-DENIS-DE-LA-CHEVASSE. — Confrérie de charité, pour soulager les pauvres de la paroisse. — Deux testaments et une rente constituée. — *Revenu* : 73 l. 10 s.

SAINT-GEORGES. — Il y a dans l'église un tronc pour les pauvres, qui peut donner chaque année 12 l. M. le prieur de Saint-Georges donne chaque semaine aux pauvres trois boisseaux de blé seigle; mais on ignore si c'est une aumône ou une charge de son prieuré.

ROCHESERVIÈRE. — Il y avait ci-devant une aumône de 200 boisseaux de seigle, qui a été réunie à l'hôpital de Fontenay.

SAINT-PIERRE-DE-MONTAIGU. — Distribution de 832 boisseaux de seigle. — A été réunie à l'hôpital de Fontenay.

BEAUREPAIRE. — Le seigneur du lieu donne annuellement cinquante charges de blé seigle et 50 l. en argent à l'abbaye de la Grenetière. Cette libéralité avait autrefois pour objet de faire subsister de pauvres religieux qui faisaient régulièrement l'office; aujourd'hui l'abbaye est en commande et il ne s'y fait plus d'office.

La Roche-sur-Yon. — Distribution de 150 boisseaux de blé. — Lorsque les princes de la Roche-sur-Yon ont fondé le prieuré de Saint-Lienne, ils l'ont chargé d'une aumône de 150 boisseaux pour les pauvres de la Roche-sur-Yon, que le prieur fait acquitter exactement; la distribution s'en fait deux fois par semaine.

La Roche-sur-Yon. — Distribution de 300 boisseaux de blé. — Les princes, seigneurs de la Roche-sur-Yon, avaient chargé l'abbaye des Fontenelles de faire distribuer tant aux pauvres de cette ville qu'à ceux de la paroisse de Saint-André d'Ornais 300 boisseaux de blé; mais cette aumône a été réunie à l'hôpital de Fontenay.

La Roche-sur-Yon. — Confrérie de charité. — Il y a, à la tête de cette confrérie, des sœurs qui ont soin des pauvres malades. Cette confrérie subsiste par les charités des habitants; il y a une petite maison qui sert de retraite aux sœurs.

La Ferrière-des-Chapelets. — Confrérie de charité. — Il y a des sœurs de charité pour le soulagement des pauvres de la paroisse; il n'y a aucun revenu; elles subsistent des charités des habitants.

Dompierre. — Rente de 12 l. pour être distribuée aux pauvres.

Les Clouzeaux. — Rente de 30 l. très-mal payée; elle avait été destinée pour les pauvres.

Noirmoutier. — Charité sous la dénomination de pot-à-bouillon, paroisses de Saint-Philbert et Saint-Nicolas, pour les pauvres malades de la ville. — On ignore quels sont les titres, mais la distribution a commencé en 1740. — *Revenu* : 1,000 l. — Il y a une maison dans laquelle il y a trois lits destinés pour les pauvres malades, et auxquels on administre les secours nécessaires à leur état.

Noirmoutier. — Paroisse de Saint-Philbert. — Le prieuré de Saint-Philbert fait distribuer aux pauvres 52 boisseaux et demi de blé méteil tous les ans.

Les abbé et religieux Bernardins de l'abbaye de la Blanche, située dans la ville de Noirmoutier, font distribuer tous les hivers aux pauvres, soit en farine ou en pain, 147 boisseaux de blé méteil.

DIOCÈSE DE NANTES.

Ile-de-Bouin. — Hôpital, paroisse de Notre-Dame, pour le soulagement des pauvres — Ce fut en 1700 que cet hôpital fut fondé, et, au mois d'avril 1735, il y eut des lettres patentes qui autorisèrent l'établissement. — *Revenu* : 640 l. — Cet hôpital est gouverné par des sœurs; il y a vingt-quatre lits pour les pauvres de l'un et de l'autre sexe. Si cet hôpital n'était pas bien administré comme il l'est, il ne pourrait pas se soutenir, vu son peu de revenu.

DIOCÈSE DE LIMOGES.

Confolens. — Hôpital, paroisse de Saint-Maxime, pour le soulagement des pauvres. — Ce fut au mois de décembre 1667 que le sieur Jacques Duclos créa cet établissement, et au mois de juillet 1671 il y eut des lettres patentes qui l'ont autorisé ; il y a eu depuis différentes donations faites par quelques particuliers. — *Revenu* : 1,032 l. — Ce sont des religieuses hospitalières qui gouvernent cet hôpital et qui fournissent la subsistance et autres secours aux pauvres moyennant 5 sous par jour que les administrateurs leur donnent du revenu des pauvres. La dot de chaque religieuse est de 2,000 l., dont la moitié est réversible, après la mort de la religieuse, au profit des pauvres. C'est sur ce secours que l'hôpital espère que son revenu augmentera ; mais il craint qu'il ne subsiste pas longtemps, si les religieuses ne parviennent pas à obtenir l'existence légale par lettres patentes qu'elles sollicitent depuis quelques années, et qui leur ont été refusées.

Confolens. — Autrefois hospice, actuellement commanderie de l'ordre hospitalier du Saint-Esprit de Montpellier, paroisse de Saint-Michel, pour nourrir, loger et soigner les pèlerins et les pauvres passants. — *Revenu* : 100 l. — La salle où étaient les lits est détruite; il ne subsiste que la chapelle. Il serait à souhaiter que cette fondation fût réunie à l'hôpital.

Saint-Martin d'Availles (1). — Aumône de 20 l. à distribuer aux pauvres, fondée par MM. les ducs de Mortemart, seigneurs de cette paroisse. — Acte devant notaire, du 31 août 1689.

Blond. — Aumône de 20 l. à distribuer aux pauvres, fondée par MM. les ducs de Mortemart, seigneurs de cette paroisse. — Acte devant notaire, du 31 août 1680.

Brigueil-l'Ainé. — Hôpital, pour le soulagement des pauvres malades et infirmes. — Donation faite par la dame Hugonneau, fondatrice de l'hôpital et de la communauté des filles de la Croix, chargées du soin des pauvres. Contrat du 26 février 1720, et lettres patentes du mois d'août 1717. — *Revenu* : 40 l. — Les religieuses, actuellement au nombre de cinq, ont à peu près 1,000 l. de rente, dont une partie est employée au soulagement des pauvres.

Javerdac. — Aumône de 12 l. à distribuer aux pauvres, fondée par MM. les ducs de Mortemart. — Contrat de constitution de rente en deniers sur le clergé, du mois de septembre 1758.

Montrol-Sénard. — Aumône de 40 l. à distribuer aux pauvres. — Contrat de constitution de rente en deniers sur le clergé, du mois de septembre 1758.

Montrol-Sénard. — Aumône de 10 l. à distribuer aux pauvres en vertu d'un testament fait en 1740 par le sieur Plagnaud, dernier titulaire de la cure de ce lieu.

Mortemart. — Hôtel-Dieu, pour soulager les pauvres malades et les vieillards infirmes. — Testament du sieur Pierre Gouvin, cardinal de la sainte Eglise romaine, appelé le cardinal de Mortemart, de l'an 1320. Le revenu pour le soulagement des pauvres n'est point distinct de celui des directeurs de l'Hôtel-Dieu. — Le sieur Gouvin, cardinal, fonda plusieurs communautés à Mortemart, entre autres celle des Carmes, à laquelle il donna des biens assez considérables qui peuvent valoir aujourd'hui 6,000 l. de rente, et la chargea d'entretenir à perpétuité un Hôtel-Dieu pour le soulagement des pauvres de Mortemart. Il y a pour l'ordinaire sept ou huit pauvres.

(1) La paroisse de Saint-Martin d'Availles-Limousine a été attribuée par erreur au diocèse de Limoges; elle a toujours fait partie du diocèse de Poitiers.

Mortemart. — Aumône de 40 l. à distribuer aux pauvres. — Contrat de constitution de rente au denier 25 sur le clergé, du mois de septembre 1758.

Nouic. — Aumône de 30 l. à distribuer aux pauvres, fondée par MM. les ducs de Mortemart. — Contrat de constitution de rente au denier 25 sur le clergé, du mois de septembre 1758.

Vaury. — Aumône de 8 l. à distribuer aux pauvres, fondée par MM. les ducs de Mortemart. — Contrat de constitution de rente au denier 25 sur le clergé, du mois de septembre 1758.

Saint-Quentin. — Aumône de 11 l. 12 s. à distribuer aux pauvres en vertu d'un testament du 12 octobre 1771 de M. Dupin de Joncherolles.

Rochechouart. — Hôpital, pour soulager les pauvres. — Les titres ont été brûlés en 1773. — *Revenu* : 111 l. — Le curé de Rochechouart est chargé de l'administration.

Rochechouart. — Bouillon des pauvres. — Rentes constituées en août 1725, juillet 1731, octobre 1731, juin 1732, décembre 1742, et formant un total de 78 l. — Le revenu de cet établissement est administré par la confrérie de la Charité, dont deux dames se chargent de porter aux malades les remèdes et autres secours dont ils ont besoin.

(Extrait du volume de *Documents inédits* publié par la *Société des Antiquaires de l'Ouest.*)

Poitiers. — Typ. de A. Dupré.

Documents manquants (pages, cahiers...)

NF Z 43-120-13

www.ingramcontent.com/pod-product-compliance
Ingram Content Group UK Ltd.
Pitfield, Milton Keynes, MK11 3LW, UK
UKHW020409230726
13925UKWH00003B/1320

9 782014 429879